"认识中国·了解中国"书系
"十三五"国家重点出版物出版规划项目

中国农业农村现代化

孔祥智 等 著

中国人民大学出版社
·北京·

序言　中国农村走向新时代

党的十九大报告指出，"经过长期努力，中国特色社会主义进入了新时代，这是我国发展新的历史方位"，并规划了 2035 年基本实现社会主义现代化的目标任务。在此基础上，2018 年中央一号文件提出了"到 2035 年，乡村振兴取得决定性进展，农业农村现代化基本实现"的目标任务。因此，新时代的中国农村，正在接近农业农村现代化这一宏伟目标，具体说来，有以下几个特征：

第一，农业现代化已经达到较高的水平。农业现代化是有关农业发展水平的一个综合性概念，不同时期有不同的内涵。2007 年中央一号文件对此有明确的界定，即"要用现代物质条件装备农业，用现代科学技术改造农业，用现代产业体系提升农业，用现代经营形式推进农业，用现代发展理念引领农业，用培养新型农民发展农业，提高农业水利化、机械化和信息化水平，提高土地产出率、资源利用率和农业劳动生产率，提高农业素质、效益和竞争力"。2016 年中央一号文件指出："大力推进农业现代化，必须着力强化物质装备和技术支撑，着力构建现代农业产业体系、生产体系、经营体系，实施藏粮于地、藏粮于技战略，推动粮经饲统筹、农林牧渔结合、种养加一体、一二三产业融合发展，让农业成为充满希望的朝阳产业。""三大体系"建设是新时代中国农业现代化的核心内容。

根据农业部门公布的数据，2019年，全国农作物耕种收综合机械化率超过70%，提前一年实现"十三五"目标。其中，小麦、水稻、玉米三大粮食作物生产基本实现机械化，其机械化率分别达到95.89%、81.91%和88.31%。当然，农业机械化还存在着薄弱地区和薄弱作物，如丘陵地区农作物机械化，大棚温室作物机械化，油菜、甘蔗、水果、蔬菜等作物的机械化等。在农业劳动力日益短缺、成本越来越高的情况下，这方面的问题急需解决。

截至2020年5月底，全国共有农民专业合作社222.54万家，占农户总数的一半以上。截至2018年底，全国土地流转成果5.39亿亩[①]；截至2020年6月底，全国注册的家庭农场超过100万家。按照来自农业的收入占家庭可支配收入的比重，我们可以把农户划分为纯农户（农业收入占80%以上）、一兼农户（农业收入占50%～80%）、二兼农户（农业收入占20%～50%）、非农户（农业收入占20%以下）四种类型，运用农业部固定观察点的数据进行测算，结果是2016年四种类型农户占比分别为：2.90%、9.85%、23.21%和64.04%[②]。可以看出，按照农业农村部的数据，一半以上的农户加入合作社，说明一部分非农户也加入了，可能是以土地入股的形式。也可以认为，当前几乎所有农户都加入了农民专业合作社或者"龙头企业＋农户"等产业化形式，接下来的事情就是如何提高产业化的质量和效果。安徽等地的农业产业化联合体也卓有成效，实际上是各类新型经营主体在更高层次上的联合。新型经营主体的发展，是中国农业现代化的基础，既是经营体系、经营理念、经营形式的转变，也通过"干中学"等形式培养了一大批职业农民。

第二，农村现代化扎实推进。学术界自20世纪90年代开始讨论农村现代化问题，如陆学艺先生的《关于中国农村现代化发展道路问题》

[①] 农业农村部农村合作经济指导司，农业农村部政策与改革司. 中国农村经营管理统计年报（2018年）[M]. 北京：中国农业出版社，2019：15.

[②] 张琛，彭超，孔祥智. 农户分化的演化逻辑、历史演变与未来展望[J]. 改革，2019（2）.

（载《社会科学战线》1995年第6期），但并没有讨论农村现代化究竟包括哪些内容，其他的文献也是一样的。党的十九大以后，学术界也没有对农村现代化下一个确切的定义，甚至没有展开较大范围的讨论。在这个问题上，学术研究严重滞后了。但政策的演进不能因此而停滞，近年来，从中央层面出台的相关政策可以看出对农村现代化关注的要点。如2018年2月，中共中央办公厅、国务院办公厅印发《农村人居环境整治三年行动方案》，对农村人居环境整治做出部署；2019年6月，中共中央办公厅、国务院办公厅印发《关于加强和改进乡村治理的指导意见》，旨在加强和改进乡村治理，推进乡村治理体系和治理能力现代化，夯实乡村振兴基层基础；2019年8月，中共中央印发了《中国共产党农村工作条例》，旨在坚持和加强党对农村工作的全面领导，贯彻党的基本理论、基本路线、基本方略，深入实施乡村振兴战略；2019年5月，中共中央、国务院印发《关于建立健全城乡融合发展体制机制和政策体系的意见》，提出建立健全有利于城乡要素合理配置、有利于城乡基本公共服务普惠共享、有利于城乡基础设施一体化发展、有利于乡村经济多元化发展、有利于农民收入持续增长的体制机制。

可见，农村现代化是中国广大农村区域全面的深刻的现代化。这个现代化的道路从中华人民共和国成立起就开始探索。按照我们的测算，中国的工农产品价格"剪刀差"到20世纪90年代后期开始趋向零，因此，进入新世纪以后，一系列支农惠农政策才可能得以实施[1]。在某种程度上，2004年中央一号文件开创了财政对农业补贴的新纪元，实施了良种补贴、种粮农民直接补贴和农机具购置补贴，2006年启动了农业生产资料综合补贴。至此，以"四大补贴"为核心的农业补贴体系逐渐形成。在此基础上，国家开始实施一系列政策旨在提升农民文化素质和农村现代化水平。如2005年中央一号文件提出加强农村基础设施建设，增加农村"六小工程"的投资规模，高度重视农村饮水安全，解决好高

---

[1] 孔祥智，何安华. 新中国成立60年来农民对国家建设的贡献分析[J]. 教学与研究，2009（9）.

氟水、高砷水、苦咸水、血吸虫病等地区的饮水安全问题；提出要落实新增教育、卫生、文化、计划生育等事业经费主要用于农村的规定，用于县以下的比例不低于70%。2006年中央一号文件对农村基础设施建设、文化建设、民主政治建设等进行了全面部署。2007年中央一号文件提出全国农村义务教育阶段学生全部免除学杂费，对家庭经济困难学生免费提供教科书并补助寄宿生生活费，有条件的地方可扩大免、补实施范围；加快发展农村职业技术教育和农村成人教育，扩大职业教育面向农村的招生规模。2008年中央一号文件提出对全部农村义务教育阶段学生免费提供教科书，要求在全国普遍建立新型农村合作医疗制度，提高国家补助标准，适当增加农民个人缴费，规范基金管理，完善补偿机制，扩大农民受益面。2009年中央一号文件提出加快发展农村中等职业教育，2009年起对中等职业学校农村家庭经济困难学生和涉农专业学生实行免费。此后的中央一号文件对农村现代化的相关内容均有所涉及。2018年中央一号文件更是从乡村振兴角度全面部署了农村现代化的重要方面。

在农村现代化的构成中，最重要的是农村社会保障制度，包括医疗保障制度、养老保险制度和最低生活保障制度。2002年10月，中共中央、国务院印发《关于进一步加强农村卫生工作的决定》，提出"逐步建立新型农村合作医疗制度"，要求"到2010年，在全国农村基本建立起适应社会主义市场经济体制要求和农村经济社会发展水平的农村卫生服务体系和农村合作医疗制度"，即"新型农村合作医疗"（简称"新农合"）。2003年1月，国务院办公厅转发卫生部等部门《关于建立新型农村合作医疗制度的意见》，正式开展新农合试点工作，并确立了2010年实现全国建立基本覆盖农村居民的新型农村合作医疗制度的目标。2016年1月，国务院发布《关于整合城乡居民基本医疗保险制度的意见》，要求从完善政策入手，推进城镇居民医保和新农合制度整合，逐步在全国范围内建立起统一的城乡居民医保制度。2009年中央一号文件提出要抓紧制定指导性意见，建立个人缴费、集体补助、政府补贴的新型农村社会养老保险制度。2009年9月，国务院颁布了《关于开展新型农村社会养老保险试点的指导意见》，标志着中国农村社会养老保险制度的建立。文件要求建立新型农村社会养老保险制度（以下简称"新农保"），从2009年开始试点，覆盖面为全国10%的县（市、区、旗），2020年之前实现对农村适龄居民的全覆盖。2014年，国务院颁布了《关于建立统一的城乡居民基本养老保险制度的意见》，提出在2020年之前建立新农保与城市居民社会养老保险制度（简称"城居保"）合并实施的城乡居民基本养老保险制度。至此，中国农村养老保险在政策上从"老农保"到"城乡居民养老保险"的过渡，完善了养老保险的城乡一体化发展。2007年中央一号文件提出在全国范围建立农村最低生活保障制度。2007年7月，国务院颁布《关于在全国建立农村最低生活保障制度的通知》，决定在全国建立农村最低生活保障制度，对符合标准的农村人口给予最低生活保障。2007年的农村低保标准为70元/人/月，到了2018年，达到4 833.4元/人/年[①]。

第三，城乡差距依然过大，城乡割裂状况依然十分明显。尽管经过新世纪以来的努力，城市和乡村之间的差距仍然很大。这个差距是多方面的。从收入来看，2019年，城乡居民人均可支配收入分别为42 359元和16 021元，二者之比为2.64∶1。事实上，从2007年起，城乡居民可支配收入之比开始下降，但速度非常缓慢。我们预测，到2035年基本实现农业农村现代化时，二者可以达到1.9~2.0比1，即达到浙江、江苏、山东等省份发达县市的水平，当然还需要付出艰苦的努力[②]。

按照国务院文件精神，到2020年底，城乡医疗保险和养老保险全部实现并轨，新的名称为"城乡居民医疗保险和城乡居民社会养老保险"。并轨的关键在于流动人口的城乡接续以及标准的统一。这两项制度的建立，对于新型城镇化和城乡融合将会起到不可估量的推动作用。2013年起，各省按照国家要求整合城镇居民医保和新农合两项制度，建立统一的城乡居民医保制度。2018年，国家医疗保障局开始统计城乡居

---

① 2018年民政事业发展统计公报. http://images3.mca.gov.cn/www2017/file/201908/1565920301578.pdf.
② 孔祥智. 新中国成立70年来城乡关系的演变[J]. 教学与研究，2019（8）.

民基本医疗保险数据，并且不再单独统计新农合数据。2018年仍然单独实施新型农村合作医疗保险制度的只有辽宁、吉林、安徽、海南、贵州、陕西、西藏7个省份[①]。2019年实现全部整合，当然在便利程度、医疗水平等各个方面都还存在着一定的差距。

当然，城市和乡村的差距还表现在基础设施等多个方面。仅以基础设施为例，《中国城乡建设统计年鉴（2018）》指出，中国城乡互联网普及率分别为74.6%和38.4%；天然气普及率，城市为96.7%，县城为83.85%，农村为28.59%；城乡集中供水普及率，城市为98.36%，县城为93.8%，建制镇为88.1%，乡为79.2%，村为77.69%；城乡污水处理率，城市为95.49%，县城为91.16%，乡为18.75%，而且乡的数据从2015年开始统计，由于大部分村尚未开始污水处理，目前尚未开展统计。缩小城市和乡村之间的差距，既是农村现代化的基础条件，也是长期发展目标。

在上述基本认识下，本书主要从新型农业经营主体、农村社会保障体系、农村文化教育、乡村治理模式、美丽乡村建设等五大方面讨论在城乡融合背景下新时代中国农业农村现代化的路径。在每一部分，我们都力图梳理清楚政策的沿革及其背景，讨论其发展趋势，对每一项政策的过去、现在、未来都努力描绘一个较为清晰的图景，以期对政策研究者和学习者有所裨益。

（执笔人：孔祥智）

---

① 2018年全国基本医疗保障事业发展统计公报. http://www.nhsa.gov.cn/art/2019/6/30/art_7_1477.html?from=groupmessage&isappinstalled=0.

目 录

第一章　新型农业经营主体：大国农业的"骨骼"与"桥梁"
　　第一节　政策沿革：从"框架"到"细节"　4
　　第二节　望闻问切：从"内涵"到"外延"　20
　　第三节　对症下药：从"广度"到"深度"　31

第二章　农村社会保障体系：农民生活的"护栏"与"屏障"
　　第一节　政策沿革：从"推倒"到"重建"　40
　　第二节　观衅伺隙：从"框架"到"主体"　49
　　第三节　修缮补葺：从"中心"到"边缘"　55

第三章　农村文化教育：农村发展的"动力"与"燃料"
　　第一节　政策沿革：从"效率"到"公平"　66
　　第二节　有的放矢：从"亮度"到"热度"　74
　　第三节　添柴加薪：从"量变"到"质变"　79

第四章　乡村治理模式：村强民富的"脉搏"与"血液"
　　第一节　政策沿革：从"理顺"到"融合"　88

第二节　剖蚌求珠：从"局部"到"整体"　98

第三节　补阙拾遗：从"规范"到"升华"　101

第五章　美丽乡村建设：宜居乡村的"基础"与"难点"

第一节　政策沿革：从"理念"到"格局"　110

第二节　见微知著：从"布局"到"刻画"　119

第三节　一改故辙：从"引导"到"激励"　125

Modernization of Agriculture and Rural Development in China

Modernization of Agriculture and Rural Development in **China**

第一章

新型农业经营主体：大国农业的"骨骼"与"桥梁"

1

新型农业经营主体：大国农业的"骨骼"与"桥梁"

家庭承包经营制度的建立，以及农业生产分工分业的逐步深化，为我国新型农业经营主体的产生提供了制度环境和经济环境上的可能性。同时，随着工业化、城镇化速度的加快，要应对农业兼业化、农村空心化、农民老龄化，解决谁来种地、怎样种好地的问题，组建具有规模化、专业化、集约化和市场化的新型农业经营主体越来越具有必要性。因此，进入21世纪以来，学术界关于新型农业经营主体的理论和政策研究日渐丰富。2012年11月，党的十八大首次提出"发展多种形式规模经营，构建集约化、专业化、组织化、社会化相结合的新型农业经营体系"。随后，2012年12月，中央农村工作会议将构建新型农业经营体系写入下一步农业农村工作的总要求，并围绕这一目标进行了详细的部署。此后，中央和地方政府出台了一系列具体支持政策，共同推动了家庭农场、农民合作社、农业企业等新型经营主体的快速发展。

我国新型农业经营主体数量增长较快，截至2018年底，全国已有家庭农场近60万家，其中县级以上示范家庭农场达8.3万家；农民专业合作社217.3万家，是2012年底的3倍多，其中县级以上示范社达18万多家，约有一半的农户已经成为合作社成员，实际上已经包含了农业收入占比较大的农户；全国从事农业生产托管的社会化服务组织达到37万个；各类新型农业经营主体和服务主体快速发展，总量超过300万家。但是，新型农业经营主体高质量发展水平较低，支撑我国现代农业发展的能力较弱，依然难以满足农民的农业社会化服务需求，促进小农户与现代农业发展有机衔接的作用发挥不充分。

第一节　政策沿革：从"框架"到"细节"

自2012年底开始，"新型农业经营主体"正式进入政策文件当中，越来越成为政策倾斜的主要对象。至今，对于新型农业经营主体来说，其政策导向主要经历了三个阶段。第一阶段，2012—2015年，属于前期准备阶段，在各方面完善基础设施，构建新型农业经营体系，为新型农业经营主体的培育和发展构建良好的设施环境和政策环境。第二阶段，2016—2017 年，属于快速发展阶段，全面扶持发展，在各地区大力推进新型农业经营主体的培育，从各个角度和环节支持和引导新型农业经营主体的形成和发展。第三阶段，2018 年至今，属于规范发展阶段，提倡高质量发展新型农业经营主体，并努力发挥新型经营主体在带动小农户衔接现代农业当中的领头作用。

一、完善基础设施，构建新型农业经营体系阶段（2012—2015 年）

2012 年 11 月，党的十八大报告提出要构建集约化、专业化、组织化、社会化相结合的新型农业经营体系。紧随其后的 2013 年中央一号文件也指出，要构建新型农业经营体系，培育和壮大新型农业生产经营组织。将新型农业经营体系的构建和新型农业经营主体纳入政策文件当中，努力促进我国以家庭经营为基础的经营方式向现代化的规模经营方式转变。此时，我国新型农业经营体系构建的环境条件仍然薄弱，包括政策环境和基础设施环境。为此，中央及各部门下发了一系列文件，为构建新型农业经营体系打好基础，铺好道路。

首先，在政策环境方面，主要包括优化金融服务、改善储粮条件、建设烘干设施、加强品牌建设和推动土地流转五个方面。第一，优化金融服务。2013 年发布的《农业部贯彻落实党中央国务院有关"三农"重点工作实施方案》提出，要加大对新型农业生产经营主体的金融支持力度，抓紧出台和细化相关政策措施。第二，改善储粮条件。2015 年《关于进一步调整优化农业结构的指导意见》指出，要改善生产经营者的储粮条件，保持和扩大新型农业经营主体粮食烘干和储备规模，减少粮食产后损失。第三，建设烘干设施。2015 年发布的《关于切实加强粮食机械化收获作业质量的通知》指出要引导种粮大户、家庭农场和农民合作社等新型农业经营主体建设烘干设施。第四，加强品牌建设。2015 年《关于开展全国百个农产品品牌公益宣传活动的通知》要求选择 100 个农民合作社的 100 个品牌进行公益宣传，强化对品牌的定位、培育、塑造、监管和保护。第五，推动土地流转。2014年《关于促进家庭农场发展的指导意见》鼓励有条件的地方将土地确权登记，引导流向家庭农场等新型经营主体。

其次，在基础设施环境方面，主要包括完善信息化基础设施、优化气象指导、做好档案建立和促进农业机械化四个方面。第一，完善信息化基础设施。2014年农业部办公厅发布的《信息进村入户试点工作指南》提出，要实现普通农户不出村、新型农业经营主体不出户就可享受到便捷、经济、高效的生产生活信息服务。第二，优化气象指导。2013年《农业部贯彻落实党中央国务院有关"三农"重点工作实施方案》提出，要会同中国气象局指导新型农业经营主体合理安排生产。第三，做好档案建立。2015年发布的《关于加强和改进新形势下农业档案工作的实施意见》指出，要协助做好家庭农场、农民合作社、农业产业化龙头企业等新型农业经营主体建立专业档案的指导工作。第四，促进农业机械化。2015年中央一号文指出，要完善农机具购置补贴政策，向主产区和新型农业经营主体倾斜。

2012—2015年，在政府的推动下，我国新型农业经营主体快速发展。根据经济日报社中国经济趋势研究院新型农业经营主体调研组发布的《新型农业经营主体发展指数调查报告》，我国新型农业经营主体经营规模显著上升、盈利情况趋好态势显著、辐射带动能力较强。一是经营规模显著上升。2015年，新型农业经营主体总资产平均值为746.17万元，比2014年增加了7.74%，其中农业产业化龙头企业的经营规模最大，2015年总资产平均达6 393.54万元。二是盈利情况趋好态势显著。2015年，新型农业经营主体平均利润达到68.76万元，比2014年增加了26%；处于亏损状态的新型农业经营主体占比进一步降低，2014年，有1.79%的新型农业经营主体处于亏损状态，这一占比2015年进一步降低到1.41%，同比降低21%。三是辐射带动能力较强。2015年，新型农业经营主体带动的农家数目平均为248户；龙头企业帮助农家统购生产资料的金额平均为298万元左右，为农家提供信贷担保的户数平均为20户左右；45%的专业合作社为社员提供过融资服务，28%的专业合作社为社员提供过金融中介服务①。2012—2015年新型农业经营主体相关政策见表1-1。

表1-1　2012—2015年新型农业经营主体相关政策梳理

时间	文件	主要内容
2012.11.8	党的十八大报告	构建集约化、专业化、组织化、社会化相结合的新型农业经营体系。
2012.12.24	全国农村经营管理信息化发展规划（2013—2020年）	着力培育新型农业经营主体、创新农业经营体制机制、建立现代农业经营方式。
2012.12.31	2013年中央一号文件	着力构建集约化、专业化、组织化、社会化相结合的新型农业经营体系。培育和壮大新型农业生产经营组织。
2013.1.9	关于做好2013年农业农村经济工作的意见	探索农业新型经营体系建设模式，推动试点示范区率先突破经营规模小、投入分散、金融服务滞后等制约瓶颈。
2013.1.23	2013年农村经营管理工作要点	围绕构建集约化、专业化、组织化、社会化相结合的新型农业经营体系，选择若干专题组织开展重大问题研究，突出顶层设计，做好政策储备。
2013.5.2	农业部贯彻落实党中央国务院有关"三农"重点工作实施方案	加大对种粮大户、家庭农场、农民合作社和农业产业化龙头企业等新型经营主体的扶持力度，积极发展农业社会化服务，加强农村集体"三资"管理。
2013.8.5	关于加强国家现代农业示范区农业改革与建设试点工作的指导意见	以培育壮大新型农业生产经营组织为核心，以破解农业经营规模小、投入分散、融资难、风险大等制约瓶颈为重点，通过整合部门资源，搭建试点平台，合力推动试点示范区率先构建集约化、专业化、组织化、社会化"四化结合"的农业经营新体系。
2013.11.12	关于全面深化改革若干重大问题的决定	加快构建新型农业经营体系。坚持家庭经营在农业中的基础地位，推进家庭经营、集体经营、合作经营、企业经营等共同发展的农业经营方式创新。

---

① 经济日报中国经济趋势研究院新型农业经营主体调研组. 新型农业经营主体盈利状况趋好［N］. 经济日报，2016-08-22.

续表

时间	文件	主要内容
2014.1.9	关于切实做好2014年农业农村经济工作的意见	着眼于突破制约现代农业发展的瓶颈,积极开展培育新型经营主体和发展规模经营等试点;推动扩大农业补贴资金总量,新增补贴向粮食等重要农产品、新型农业经营主体和主产区倾斜。
2014.1.19	2014年中央一号文件	构建新型农业经营体系,发展多种形式规模经营,扶持发展新型农业经营主体,健全农业社会化服务体系,加快供销合作社改革发展。
2014.1.22	2014年农村经营管理工作要点	围绕深化农村改革、创新农村经营体制机制、构建新型农业经营体系等方面,选择若干专题组织开展重大问题研究,突出顶层设计,做好政策储备。
2014.2.24	关于促进家庭农场发展的指导意见	要坚持农村基本经营制度,以家庭承包经营为基础,在土地承包经营权有序流转的基础上,结合培育新型农业经营主体和发展农业适度规模经营,通过政策扶持、示范引导、完善服务,积极稳妥地加以推进。
2014.4.11	农业部2014年为农民办实事工作方案	在全国100个左右的县,对基层的农技人员、科技示范户、种粮大户、新型农业经营主体等进行现代农业技术培训,培训各类农民和农技人员50万人次。
2014.5.19	关于做好2014年测土配方施肥工作的通知	试点对种粮大户等新型农业经营主体使用配方肥的补贴模式,引导企业、新型农业经营主体和社会化服务组织参与配方肥生产、供应和推广服务。
2014.6.9	关于做好2014年减轻农民负担工作的意见	加强对家庭农场、专业大户、农民合作社等新型农业经营主体的负担监管,防止乱收费在新的领域滋生蔓延。
2014.6.26	信息进村入户试点工作指南	实现普通农户不出村、新型农业经营主体不出户就可享受到便捷、经济、高效的生产生活信息服务。
2014.7.31	关于金融支持农业规模化生产和集约化经营的指导意见	以构建新型农业经营体系为主线,坚持发展与规范并举,数量与质量并重。

续表

时间	文件	主要内容
2015.1.30	关于进一步调整优化农业结构的指导意见	改善生产经营者的储粮条件,保持和扩大新型农业经营主体粮食烘干和储备规模,减少粮食产后损失。
2015.2.1	2015年中央一号文件	完善农机具购置补贴政策,向主产区和新型农业经营主体倾斜;完善对新型农业经营主体的金融服务;加快构建新型农业经营体系。
2015.3.4	关于开展全国百个农产品品牌公益宣传活动的通知	选择100个农民合作社的100个品牌进行公益宣传,强化品牌定位、培育、塑造、监管和保护。
2015.4.14	关于加强对工商资本租赁农地监管和风险防范的意见	带动种养大户、家庭农场等新型农业经营主体发展农业产业化经营。
2015.4.27	关于切实加强粮食机械化收获作业质量的通知	引导种粮大户、家庭农场和农民合作社等新型农业经营主体建设烘干设施。
2015.4.29	关于组织实施现代青年农场主计划	以服务现代农业产业发展和培育新型农业经营主体为导向,分产业、分类型培育一批现代青年农场主。
2015.6.30	关于调整和完善农业综合开发扶持农业产业化发展相关政策的通知	经有关部门认定或登记的专业大户、家庭农场、社会化服务组织等新型农业经营主体,可纳入产业化经营项目扶持范围,不受独立法人资格条件的限制。
2015.9.16	关于扎实推进国家现代农业示范区改革与建设率先实现农业现代化的指导意见	鼓励运用以奖代补、以补促建等措施,支持村集体和新型农业经营主体承担核心片区项目建设任务,完善建后管护机制。
2015.10.28	关于开展农民手机应用技能培训提升信息化能力的通知	开展农民手机应用技能培训,提升信息化能力,以农业部门工作人员、普通农户、新型农业经营主体为主要对象。
2015.11.19	关于加强和改进新形势下农业档案工作的实施意见	协助做好家庭农场、农民合作社、农业产业化龙头企业等新型农业经营主体建立专业档案的指导工作。

续表

时间	文件	主要内容
2015.12.29	关于推进农业农村大数据发展的实施意见	加强对农民收入、农村土地经营权流转、农村集体产权交易、农民负担、新型农业经营主体发展等情况的统计监测。

二、全面扶持发展，培育新型农业经营主体阶段（2016—2017 年）

随着我国新型农业经营主体数量的大幅度增加，各类政策文件对新型农业经营主体的培育和扶持，逐渐拓展到更多的领域和细节当中，加深了支持的广度和深度。2016 年农业部发布的《关于扎实做好 2016 年农业农村经济工作的意见》指出，要加快建立新型农业经营主体培育政策体系，优化财政支农资金使用，不断完善补贴、财税、信贷保险、用地用电和人才培养等扶持政策。此后，政府对于新型农业经营主体的扶持政策逐渐扩大支持范围和支持力度，各项政策也更加详实、更加贴近实际。

对于新型农业经营主体支持广度的扩大和深度的增加主要体现在以下几个方面：第一，完善补贴政策。2016 年《关于全面推开农业"三项补贴"改革工作的通知》指出不鼓励对新型经营主体采取现金直补，对新型经营主体贷款贴息可按照不超过贷款利息的 50% 给予补助。第二，发展特色产业。2016 年《贫困地区发展特色产业促进精准脱贫指导意见》指出，要培育壮大贫困地区农民合作社、龙头企业、种养大户等新型经营主体，支持新型经营主体在贫困地区发展特色产业，向贫困户提供全产业链服务。第三，电子商务方面。2016 年，《关于深入实施"互联网+流通"行动计划的意见》提出，要引导电子商务企业与新型农业经营主体、农产品批发市场、连锁超市等建立多种形式的联营协作关系。第四，渔业方面。2016 年《关于加快推进渔业转方式调结构的指导意见》指出，要扶持壮大渔业龙头企业，培育渔民专业合作组织、生产经营大户、家庭渔场和产业联合体等新型经营主体。第五，草牧业方面。2016 年《关于促进草牧业发展的指导意见》指出，要"围绕草原保护、培育新型经营主体、提升物质装备水平、加强科技推广支撑和完善金融服务等方面,加强政策创设力度,不断完善草牧业发展政策体系"。第六,林业方面。2016年,《关于完善集体林权制度的意见》指出,要采取多种方式兴办家庭林场、股份合作林场等,逐步扩大其承担的涉林项目规模。第七,农产品加工业方面。2016年农业部编制了《全国农产品加工业与农村一二三产业融合发展规划(2016—2020年)》,提出采用先建后补、以奖代补、贷款贴息和产业基金等方式,以能够让农民分享增值收益的新型经营主体为扶持对象。第八,特色农产品方面。2017年国家发展和改革委员会等三部门编制了《特色农产品优势区建设规划纲要》,提出特优区主要建设内容:鼓励新型经营主体发展特色农产品标准化生产,引导特优区内新型经营主体与农民建立合理、长期、稳定的利益联结机制。

根据农业农村部在《新型农业经营主体和服务主体高质量发展规划(2020—2022年)》中的统计,经过这一阶段的推动和发展,我国新型农业经营主体在数量、质量、服务能力和带动能力方面都有了进一步提高。在数量方面,截至2018年底,各类新型农业经营主体和服务主体快速发展,总量超过300万家,成为推动现代农业发展的重要力量。具体而言,全国家庭农场达到近60万家,其中县级以上示范家庭农场达8.3万家;全国依法登记的农民合作社达到217.3万家,其中县级以上示范社达18万多家;全国从事农业生产托管的社会化服务组织数量达到37万个。在质量方面,家庭农场经济实力不断增强,发展模式更趋多元化、一体化;农民合作社更加规范化,涉及内容更加广泛,包括加工业、电子商务、休闲农业和乡村旅游等。在服务能力方面,农业社会化服务组织农业生产托管范围进一步扩大,全国以综合托管系数计算的农业生产托管面积为3.64亿亩。在带动能力方面,各类家庭农场销售额进一步增加,农民合作社盈余返还量大幅增长,农业社会化服务组织服务对象数量不断提高,逐步形成了新型农业经营主体和服务主体与小农户之间愈发紧密的利益联结机制。2016—2017年新型农业经营主体相关政策梳理见表1-2。

表1-2　2016—2017年新型农业经营主体相关政策梳理

时间	文件	主要内容
2015.12.31	2016年中央一号文件	允许将集中连片整治后新增加的部分耕地，按规定用于完善农田配套设施。探索开展粮食生产规模经营主体营销贷款改革试点。
2016.1.16	关于扎实做好2016年农业农村经济工作的意见	加快建立新型农业经营主体培育政策体系，优化财政支农资金使用，不断完善补贴、财税、信贷保险、用地用电和人才培养等扶持政策。
2016.3.3	2016年农村经营管理工作要点	深入开展农村财务规范化管理，适应新型农业经营主体发展要求，建立健全家庭农场、农民合作社会计核算制度。
2016.4.15	关于深入实施"互联网＋流通"行动计划的意见	引导电子商务企业与新型农业经营主体、农产品批发市场、连锁超市等建立多种形式的联营协作关系。
2016.4.18	关于全面推开农业"三项补贴"改革工作的通知	不鼓励对新型经营主体采取现金直补，对新型经营主体贷款贴息可按照不超过贷款利息的50%给予补助。
2016.4.19	贫困地区发展特色产业促进精准脱贫指导意见	培育壮大贫困地区农民合作社、龙头企业、种养大户等新型经营主体，支持新型经营主体在贫困地区发展特色产业，向贫困户提供全产业链服务。
2016.5.4	关于加快推进渔业转方式调结构的指导意见	扶持壮大渔业龙头企业，培育渔民专业合作组织、生产经营大户、家庭渔场和产业联合体等新型经营主体。
2016.5.6	关于促进草牧业发展的指导意见	围绕草原保护、培育新型经营主体、提升物质装备水平、加强科技推广支撑和完善金融服务等方面，加强政策创设力度，不断完善草牧业发展政策体系。
2016.8.29	"十三五"全国农业农村信息化发展规划	提升新型农业经营主体电子商务应用能力，加强农民信息化应用能力建设，培育壮大农业信息化产业。
2016.10.10	关于激发重点群体活力带动城乡居民增收的实施意见	实施七大群体激励计划。其中，积极培育家庭农场、专业大户、农民合作社、农业企业等新型农业经营主体和农业社会化服务主体，发展适度规模经营。

续表

时间	文件	主要内容
2016.10.17	全国农业现代化规划（2016—2020年）	创新投融资方式，通过委托代建、先建后补等方式支持新型经营主体和工商资本加大高标准农田投入；扩大新型经营主体承担涉农项目规模；引导新型经营主体对接各类电子商务平台。
2016.10.30	关于完善农村土地所有权承包权经营权分置办法的意见	引导土地经营权流向种田能手和新型经营主体。支持新型经营主体提升地力，改善农业生产条件，依法依规开展土地经营权抵押融资。
2016.11.14	全国农产品加工业与农村一二三产业融合发展规划（2016—2020年）	采用先建后补、以奖代补、贷款贴息和产业基金等方式，以能够让农民分享增值收益的新型经营主体为扶持对象。
2016.11.16	关于完善集体林权制度的意见	采取多种方式兴办家庭林场、股份合作林场等，逐步扩大其承担的涉林项目规模。
2016.11.18	关于支持返乡下乡人员创业创新促进农村一二三产业融合发展的意见	通过承包、租赁、入股、合作等多种形式，创办领办家庭农场林场、农民合作社、农业企业、农业社会化服务组织等新型农业经营主体。
2016.11.24	关于完善支持政策促进农民持续增收的若干意见	完善财税、信贷、保险、用地、项目支持等政策，推进新型农业经营主体带头人培育行动。
2016.12.31	2017年中央一号文件	支持新型农业经营主体申请"三品一标"认证，吸引龙头企业和科研机构建设运营产业园带动新型农业经营主体和农户。
2016.12.31	关于深入推进农业供给侧结构性改革加快培育农业农村发展新动能的若干意见	大力培育新型农业经营主体和服务主体，通过经营权流转、股份合作、代耕代种、土地托管等多种方式，加快发展土地流转型、服务带动型等多种形式规模经营。
2017.3.8	关于推进农业供给侧结构性改革的实施意见	加强新型职业农民和新型农业经营主体培育。通过经营权流转、股份合作、代耕代种、联耕联种、土地托管等多种方式，加快发展土地流转型、服务带动型等多种形式规模经营。

续表

时间	文件	主要内容
2017.3.23	2017年重点强农惠农政策	将新型农业经营主体带头人作为重点培育对象，加强农民合作社和家庭农场能力建设，加强农业信贷担保体系建设。
2017.3.31	关于建立粮食生产功能区和重要农产品生产保护区的指导意见	创新农田水利工程建管模式，鼓励新型经营主体等参与建设、管理和运营。
2017.5.31	关于加快构建政策体系培育新型农业经营主体的意见	鼓励地方将新型农业经营主体带动农户数量和成效作为相关财政支农资金和项目审批、验收的重要参考依据。
2017.9.1	关于加快推进农业供给侧结构性改革大力发展粮食产业经济的意见	鼓励国有粮食企业依托现有收储网点，主动与新型农业经营主体等开展合作。鼓励多元主体开展多种形式的合作与融合，大力培育和发展粮食产业化联合体。
2017.10.13	关于促进农业产业化联合体发展的指导意见	引导多元新型农业经营主体组建农业产业化联合体。
2017.10	特色农产品优势区建设规划纲要	特优区主要建设内容：鼓励新型经营主体发展特色农产品标准化生产，引导特优区内新型经营主体与农民建立合理、长期、稳定的利益联结机制。
2017.10.18	党的十九大报告	培育新型农业经营主体，健全农业社会化服务体系，实现小农户和现代农业发展有机衔接。

三、提倡高质量发展新型农业经营主体，带动小农户衔接现代农业阶段（2018年至今）

自2018年开始，各类政策文件对新型农业经营主体的要求逐渐转为对质量和带动小农户发展的能力上来。这是因为，尽管前一个时期对新型农业经营主体的推动和引导取得了一定的成效，但是短板制约仍然突出，新型农业经营主体高质量发展水平较低，支撑我国现代农业发展能力较弱，依然难以满足农民的农业社会化服务需求，促进小农户与现代农业发展有机衔接的作用发挥不充分。其中主要包括基础设施落后、经营规模偏小、集约化水平不高、产业链条不完整、经营理念不够先进、发展区域性不平衡等问题。具体而言，家庭农场仍处于起步发展阶段，部分农民合作社运行不够规范，社会化服务主体服务能力不足，服务领域拓展不够。党的十九大提出，实现小农户和现代农业发展有机衔接。统筹兼顾培育新型农业经营主体和扶持小农户，发挥新型农业经营主体对小农户的带动作用，健全新型农业经营主体与小农户的利益联结机制，是实现小农户家庭经营与合作经营、集体经营、企业经营等经营形式共同发展的重要途径。因此，在今后的一个时期，对新型农业经营主体的政策导向将集中到提高发展质量、带动小农户衔接现代农业方面。

首先，在提高发展质量方面，在这一时期，对提高新型农业经营主体的高质量发展以及规范化发展提出了更详细的要求。2019年，农业农村部等七部门联合发布的《国家质量兴农战略规划（2018—2022年）》要求到2022年，新型经营主体、社会化服务组织更加规范，对质量兴农的示范带动作用不断增强，县级以上示范家庭农场、国家农民专业合作社示范社认定数量分别达到10万家、1万家。2020年，农业农村部印发的《新型农业经营主体和服务主体高质量发展规划（2020—2022年）》进一步要求：到2022年，家庭农场、农民合作社、农业社会化服务组织等各类新型农业经营主体和服务主体蓬勃发展，现代农业经营体系初步构建，各类主体质量、效益进一步提升，竞争能力进一步增强；全国家庭农场数量100万家，各级示范家庭农场数量10万家，农民合作社质量提升整县推进覆盖率增长超过80%，农林牧渔服务业产值占农业总产值比重增加超过5.5%，农业生产托管服务面积达18亿亩次，覆盖小农户数量达8000万户，新型农业经营主体和服务主体经营者参训率增加超过5%。2020年，农业农村部、财政部共同发布的《关于做好2020年农业生产发展等项目实施工作的通知》要求"大力培育新型经营主体，支持新型农业经营主体高质量发展。支持新型农业经营主体建设农产品仓储保鲜设施。支持新型农业经营主体提升技术应用和生产经营能力"。

第一，在财政支持方面，《关于做好2019年农业生产发展等项目实施工作的通知》指出2019年重点用于支持农民合作社及家庭农场等主体高质量发展、农业生产社会化服务、农业信贷担保费率补助及以奖代补。第二，在品牌建设方面，2019年《关于建立健全城乡融合发展体制机制和政策体系的意见》指出，建立农产品优质优价正向激励机制，支持新型经营主体发展"三品一标"农产品、打造区域公用品牌，提高产品档次和附加值。第三，在解散和破产清算方面，2019年发布了《农民专业合作社解散、破产清算时接受国家财政直接补助形成的财产处置暂行办法》，对合作社解散、破产清算的具体方法予以规定。第四，在规范化发展方面，一是对合作社的规范化发展提出了要求，2019年《关于开展农民合作社规范提升行动的若干意见》要求提升规范化水平，增强服务带动能力，开展"空壳社"专项清理，加强试点示范引领，加大政策支持力度，强化指导服务；二是对家庭农场的规范化发展提出了要求，2019年《关于实施家庭农场培育计划的指导意见》要求完善登记和名录管理制度，强化示范创建引领，建立健全政策支持体系，健全保障措施。第五，在社会资本投资方面，2020年发布的《社会资本投资农业农村指引》要求完善全产业链开发模式，支持农业产业化龙头企业联合家庭农场、农民合作社等新型经营主体、小农户，加快全产业链开发和一体化经营；建立紧密合作的利益共赢机制，鼓励社会资本采用"农民＋合作社＋龙头企业""土地流转＋优先雇用＋社会保障""农民入股＋保底收益＋按股分红"等利益联结方式，与农民建立稳定合作关系，形成稳定利益共同体，做大做强新型农业经营主体。

其次，在带动小农户衔接现代农业方面，不仅提出了新型经营主体要带动小农户发展现代农业的政策导向，还给出了具体的方法。2018年中央一号文件首次将新型农业经营主体与小农户发展联系起来，指出要"统筹兼顾培育新型农业经营主体和扶持小农户，实施新型农业经营主体培育工程，通过财政担保费率补助和以奖代补等，加大对新型农业经营主体支持力度"。在财政方面，在2018年财政重点强农惠农政策指出，要"支持新型农业经营主体发展，全面建立职业农民制度，重点服务新型经营主体，提供方便快捷、费用低廉的信贷担保服务，实现小农户和现代农业发展有机衔接"。在扶贫方面，也提出要完善新型农业经营主体与贫困户联动发展的利益联结机制，实现贫困户与现代农业发展有机衔接。2018年，中共中央、国务院印发的《乡村振兴战略规划（2018—2022年）》也指出，要"壮大新型农业经营主体、促进小农户生产和现代农业发展有机衔接，完善紧密型利益联结机制"。2019年，中共中央、国务院印发的《关于促进小农户和现代农业发展有机衔接的意见》提出，对新型农业经营主体的评优创先、政策扶持、项目倾斜等，要与带动小农生产挂钩，把带动小农户数量和成效作为重要依据。2020年7月，农业农村部发布的《全国乡村产业发展规划（2020—2025年）》进一步提出"建立健全融合机制，引导新型农业经营主体与小农户建立多种类型的合作方式，促进利益融合，完善利益分配机制，推广'订单收购+分红''农民入股+保底收益+按股分红'等模式"。2018—2020年新型农业经营主体相关政策梳理见表1-3。

表1-3 2018—2020年新型农业经营主体相关政策梳理

时间	文件	主要内容
2018.1.2	2018年中央一号文件	统筹兼顾培育新型农业经营主体和扶持小农户，实施新型农业经营主体培育工程，通过财政担保费率补助和以奖代补等，加大对新型农业经营主体支持力度。
2018.4.3	2018年财政重点强农惠农政策	支持新型农业经营主体发展，全面建立职业农民制度，重点服务新型经营主体，提供方便快捷、费用低廉的信贷担保服务，实现小农户和现代农业发展有机衔接。
2018.4.24	关于大力实施乡村就业创业促进行动的通知	开展农村创业创新"百县千乡万名带头人"培育工作和百万人才培训行动，培育一批新型农业经营主体和新型职业农民。
2018.6.15	关于打赢脱贫攻坚战三年行动的指导意见	完善新型农业经营主体与贫困户联动发展的利益联结机制，实现贫困户与现代农业发展有机衔接。

续表

时间	文件	主要内容
2018.9.26	乡村振兴战略规划（2018—2022年）	壮大新型农业经营主体、促进小农户生产和现代农业发展有机衔接，完善紧密型利益联结机制。
2019.1.3	2019年中央一号文件	开展农民合作社规范提升行动，建立健全支持家庭农场、农民合作社发展的政策体系和管理制度，落实扶持小农户和现代农业发展有机衔接的政策。
2019.1.21	关于做好2019年农业农村工作的实施意见	将农民合作社质量提升整县推进试点扩大到150个。落实扶持小农户和现代农业发展有机衔接的政策。
2019.2.11	国家质量兴农战略规划（2018—2022年）	要求到2022年，新型经营主体、社会化服务组织更加规范，对质量兴农的示范带动作用不断增强。县级以上示范家庭农场、国家农民专业合作社示范社认定数量分别达到10万家、1万家。
2019.2.21	关于促进小农户和现代农业发展有机衔接的意见	对新型农业经营主体的评优创先、政策扶持、项目倾斜等，要与带动小农生产挂钩，把带动小农户数量和成效作为重要依据。
2019.4.4	关于做好2019年农业生产发展等项目实施工作的通知	通过新型农业经营主体信息直报系统及时报送相关补贴发放情况。2019年重点用于支持农民合作社及家庭农场等主体高质量发展、农业生产社会化服务、农业信贷担保费率补助及以奖代补。
2019.4.15	关于建立健全城乡融合发展体制机制和政策体系的意见	建立农产品优质优价正向激励机制，支持新型经营主体发展"三品一标"农产品，打造区域公用品牌，提高产品档次和附加值。
2019.4.16	2019年重点强农惠农政策	支持县级以上农民合作社示范社及农民合作社联合社高质量发展，培育一大批规模适度的家庭农场。
2019.6.25	农民专业合作社解散、破产清算时接受国家财政直接补助形成的财产处置暂行办法	对于合作社解散、破产清算的具体方法予以规定。

续表

时间	文件	主要内容
2019.7.1	关于支持做好新型农业经营主体培育的通知	2019年中央财政加大对新型农业经营主体的支持力度，支持内容：支持开展农产品初加工，提升产品质量安全水平，加强优质特色品牌创建。支持对象：各类高质量发展的新型农业经营主体。
2019.8.27	关于实施家庭农场培育计划的指导意见	完善登记和名录管理制度，强化示范创建引领，建立健全政策支持体系，健全保障措施。
2019.9.4	关于开展农民合作社规范提升行动的若干意见	提升规范化水平，增强服务带动能力，开展"空壳社"专项清理，加强试点示范引领，加大政策支持力度，强化指导服务。
2020.1.2	2020年中央一号文件	符合条件的家庭农场等新型农业经营主体可按规定享受现行小微企业相关贷款税收减免政策。合理设置农业贷款期限，使其与农业生产周期相匹配。
2020.3.3	新型农业经营主体和服务主体高质量发展规划（2020—2022年）	到2022年，家庭农场、农民合作社、农业社会化服务组织等各类新型农业经营主体和服务主体蓬勃发展，现代农业经营体系初步构建，各类主体质量、效益进一步提升，竞争能力进一步增强。到2022年，全国家庭农场数量100万家，各级示范家庭农场数量10万家，农民合作社质量提升整县推进覆盖率增长超过80%，农林牧渔服务业产值占农业总产值比重增加超过5.5%，农业生产托管服务面积达18亿亩次，覆盖小农户数量达8000万户，新型农业经营主体和服务主体经营者参训率增加超过5%。
2020.4.13	社会资本投资农业农村指引	完善全产业链开发模式，支持农业产业化龙头企业联合家庭农场、农民合作社等新型经营主体、小农户，加快全产业链开发和一体化经营。建立紧密合作的利益共赢机制，鼓励社会资本采用"农民＋合作社＋龙头企业""土地流转＋优先雇用＋社会保障""农民入股＋保底收益＋按股分红"等利益联结方式，与农民建立稳定合作关系、形成稳定利益共同体，做大做强新型农业经营主体。

续表

时间	文件	主要内容
2020.4.14	关于做好2020年农业生产发展等项目实施工作的通知	大力培育新型经营主体，支持新型农业经营主体高质量发展。支持新型农业经营主体建设农产品仓储保鲜设施。支持新型农业经营主体提升技术应用和生产经营能力。
2020.7.16	全国乡村产业发展规划（2020—2025年）	支持新型经营主体、农产品批发市场等建设产地仓储保鲜设施，发展网上商店、连锁门店。培育企业品牌，引导农业产业化龙头企业、农民合作社、家庭农场等新型经营主体将经营理念、企业文化和价值观念等注入品牌。提高服务水平，鼓励新型农业经营主体在城镇设立鲜活农产品直销网点。壮大农业产业化龙头企业队伍。培育农业产业化联合体。建立健全融合机制，引导新型农业经营主体与小农户建立多种类型的合作方式，促进利益融合，完善利益分配机制，推广"订单收购+分红""农民入股+保底收益+按股分红"等模式。

第二节 望闻问切：从"内涵"到"外延"

2020年我国新冠肺炎疫情期间，相当多的新型经营主体遇到困难，无法发挥带动成员的作用，导致很多地方春防春耕到位慢、效果差，依靠基层政府推动才减轻了损失。这说明我国新型农业经营主体总体上非常脆弱，质量不高，其背后存在着体制机制问题。实施乡村振兴战略，实现农业现代化目标，必须依靠新型农业经营主体这股支柱力量，壮大新型农业经营主体这支经营队伍，总体上要加快破除横亘在新型农业经营主体面前的农村要素市场化改革滞后、新型农业经营主体内生发展扶持政策不充分、政府支持效能较低等体制机制问题。

一、病症一：农村要素市场化改革滞后

自20世纪80年代初期起，农产品市场程度不断加深。1985年中央

一号文件取消了粮食和棉花的统购制度，改为合同定购，其他农产品全面放开，"自由上市，自由交易，随行就市，按质论价"。1998年和2004年，国务院分别颁布《关于深化棉花流通体制改革的决定》《关于进一步深化粮食流通体制改革的意见》，几乎所有农产品都实现了完全市场化，能够反映市场供求状况乃至产业链发育水平，有利于实现农业资源的优化配置。市场化改革带来了粮食和其他农产品大幅增长，20世纪90年代后期即呈现"总量大体平衡、丰年有余"的良好局面。应该说，2020年抗击新冠肺炎疫情期间全国范围内农产品供应基本稳定，就是对改革成果的最好体现。然而，40多年来的改革主要侧重于产品市场，要素市场化改革严重滞后，极大地影响了我国农业现代化的进程。这也是影响新型农业经营主体发展的最大制约因素。

（一）农村土地市场：促进资源优化配置乏力

土地是财富之母。当前，伴随农业功能增加，新型农业经营对土地要素的需求已从传统的承包地向设施农业用地、建设用地等拓展，由于我国农村土地市场化改革缓慢，农村土地资源要素还不能实现优化配置，绝大多数新型农业经营主体都面临着用地难题。

1. 从承包地看，土地经营权人的权益难落地

尽管1984年中央一号文件就明确提出"鼓励土地逐步向种田能手集中"，但直到20世纪末期土地流转面积占家庭承包经营总面积的比重才达到1%。21世纪以来，随着农村劳动力大量外出，尤其是2008年党的十七届三中全会提出"赋予农民更加充分而有保障的土地承包经营权，现有土地承包关系要保持稳定并长久不变"，极大地促进了土地流转，其中2012—2014年土地流转面积占家庭承包经营总面积的比重每年保持在4个百分点以上，2016年以后降为2%以下[1]。从我们调研的情况看，近两年土地流转基本处于停滞状态，许多新型经营主体转而

---

[1] 孔祥智，穆娜娜. 实现小农户与现代农业发展的有机衔接[J]. 农村经济，2018（2）：1-7.

退还流转的上地。第三次全国农业普查数据显示，截至2016年底，在20 743万农业经营户中，只有398万规模农业经营户①，仅占0.19%，说明土地流转主要在亲友之间进行，并没有实现规模经营的目标。根本原因就是土地制度改革严重滞后于经济发展需要，21世纪以来的土地制度改革红利迅速下降。

  如何保障土地流转后形成的经营权是制度创新的核心。2014年中央一号文件顺应这一要求，提出了"三权分置"思路；2016年10月，中共中央办公厅、国务院办公厅发布《关于完善农村土地所有权承包权经营权分置办法的意见》，创造性地提出了"土地经营权人"的概念，并规定其"对流转土地依法享有在一定期限内占有、耕作并取得相应收益的权利"。此后，理论界逐渐有人提出把土地经营权界定为用益物权的观点，其用意无疑是扩大和保障土地经营权人的权益，促进农业现代化水平的提高②。还有学者提出土地经营权作为用益物权所必需的条件③。然而，经2018年12月29日第十三届全国人民代表大会常务委员会第七次会议修正的《农村土地承包法》为了切实保护承包人的利益，没有采纳把土地经营权界定为用益物权的观点，但同时对土地经营权人的权益给予了比较充分的保护，最重要的是在第四十一条规定："土地经营权流转期限为五年以上的，当事人可以向登记机构申请土地经营权登记。未经登记，不得对抗善意第三人。"实际上进行了物权化处理。然而，现实中超过5年的土地流转项目很多，但基本都是在年初或播种前支付租金，否则农民就会收回土地。理由很简单，农业不能耽误季节，如果承租人到年末还支付不了租金，农民失去的是整整一年的土地收入，而近年来由于经营不善而"跑路"的新型经营主体已经不在少数。这样就导致了一个新的问题：按年头支付租金的长期协议受法律保护吗？如果

---

① http://www.stats.gov.cn/tjsj/tjgb/nypcgb/qgnypcgb/201712/t20171214_1562740.html.

② 孙宪忠. 推进农地三权分置经营模式的立法研究 [J]. 中国社会科学，2016 (7)：145-163，208-209.

③ 孔祥智. "三权分置"的重点是强化经营权 [J]. 中国特色社会主义研究，2017 (3)：22-28.

出现纠纷，法律保护谁的利益？土地经营权人的，还是承包人的？当然，如果是农民以土地经营权入股合作社或者企业，则在财务年度结束后（一般为年底）进行盈余分配（分红），即使亏损也要风险共担。但由于入股是紧密型合作行为，这种情况下的土地经营权登记实际上失去了意义。可见，新版《农村土地承包法》的这项制度设计在现实中具有很大的局限性。

即使近年来密集出台了多部政策、法律，土地经营权人的权益如何保障依然没有落到实处。这就使得经流转土地而形成的家庭农场、农业企业等新型经营主体的发展前景预期很难明朗化。在这种情况下，目前已经流转的5亿多亩土地如何实现效率最大化？中国农业现代化的道路究竟应该怎么走？事实上，中国农业发展又走到了旧的制度红利即将告罄、新的制度供给远没有形成的十字路口，必须在新版《农村土地承包法》的框架下进行新的制度设计，促进农村土地市场的发育和逐渐成熟。

2. 从设施农业用地看，土地制度创新不够

为了严格保护耕地，长期以来，国家政策规定设施农业用地一般不能占用基本农田，主要来自一般农田，导致通过流转基本农田发展设施农业的企业根本无法获得设施农业用地[①]。尽管2019年12月，自然资源部、农业农村部发出《关于设施农业用地管理有关问题的通知》，提出"种植设施不破坏耕地耕作层的，可以使用永久基本农田，不需补划；破坏耕地耕作层，但由于位置关系难以避让永久基本农田的，允许使用永久基本农田但必须补划"，从而扩大了设施农业用地来源，但是由于没有出台配套的实施细则，反而削弱了政策效能的发挥。此外，一般农田可用于设施农业用地的指标由于缺乏相关的制度创新或政策实施细则，无法通过指标流转或调剂方式为其他产业发展项目的土地要素提供来源，出现了要素供需结构不匹配的问题。

---

① 详见《国土资源部农业部关于进一步支持设施农业健康发展的通知》（国土资发〔2014〕127号）。

3. 从建设用地看，农村土地制度改革系统性不强

伴随农业生产功能向生态、文化等多领域拓展，农村一二三产业融合发展加快，部分新型农业经营主体对建设用地的需求增加较快。然而，我国农村一些宅基地和农房长期闲置，无法成为农村产业发展的用地来源。虽然中共中央、国务院 2019 年 4 月出台了《关于建立健全城乡融合发展体制机制和政策体系的意见》，明确提出"允许村集体在农民自愿前提下，依法把有偿收回的闲置宅基地、废弃的集体公益性建设用地转变为集体经营性建设用地入市"，为闲置宅基地、废弃的集体公益性建设用地用作产业发展打通了通道，但是这仅限于有偿收回的闲置宅基地、废弃的集体公益性建设用地，而且类似的探索与实践还很少，仅在少数地区有过零星的探索；同时，由于缺乏宅基地退出的有效制度或政策措施，多数农民还不愿意退出宅基地，即现有政策没有完全解决宅基地闲置问题，没有完全打通闲置宅基地用于产业发展的通道。此外，由于农村集体经营性建设用地入市改革的试点范围还较小、尚未全面铺开，农村集体经营性建设用地虽然可作为新型农业经营主体建设用地的来源，2019 年新修正的《土地管理法》也放开了农村集体经营性建设用地入市，但是由于没有出台相关实施细则，许多地方尚未开展探索；同时，许多地区农村集体经营性建设用地还没有确权颁证，抵押贷款的金融功能残缺，使得企业盘活农村集体经营性建设用地的积极性不高。实地调研中，不少基层干部反映，农村集体经营性建设用地不能用作农村产业融合是因为不能办权证，企业没有积极性。

总体上看，建设用地"用地难"问题的关键不是要素总量的供给不足，而是当前农村土地制度改革的系统性不强，无法树立要素改革"一盘棋"思维，无法运用改革的手段将闲置的要素用作产业发展，无法运用改革的办法打通要素流动的通道，没有打通闲置宅基地、农房、农村集体经营性建设用地用作产业发展建设用地来源的通道。

(二) 农村金融市场：满足经营主体需求疲弱

金融是现代经济的血液，农业产业也不例外。当前，我国农村有大

量的新型农业经营主体因无法维持持久的投入而倒闭,主要原因是新型农业经营主体很难获得金融支持,这暴露了当前我国农村金融改革的问题与弊端,即农村金融创新不足与改革协同性不强。

一是农村产权确权颁证改革滞后,农村金融市场发育程度低。新型农业经营主体的大量投入凝结在设施农业用地、农村土地承包经营权、农村房屋、林权、大棚养殖圈舍以及活体动物、果园苗木等。但根据1995年出台的《担保法》,耕地、宅基地、自留地、自留山等归集体所有的土地不能作为抵押品;2007年出台的《物权法》也有类似规定。新修正的《农村土地承包法》第四十七条规定:"受让方通过流转取得的土地经营权,经承包方书面同意并向发包方备案,可以向金融机构融资担保。"但是,由于我国大多数地区都未开展农村"三权"抵押贷款、农业生产设施抵押与生物资产的确权颁证,新型农业经营主体的大量投入无法形成可抵押贷款的资产,金融机构没有办法为新型农业经营主体进行抵押贷款。而且,我国金融机构一般要求农业经营主体提供以下三种担保方式中的至少一种:补贴款担保、经销商连带责任担保和经销商保证金担保,不仅土地经营权权,连农机具、农业设施等都不是较为合适的担保品。调研中发现,很多家庭农场主、农民合作社理事长甚至用自己在城镇购买的住房进行抵押才能得到银行贷款。农村金融市场发育程度低严重影响农业新型经营主体的经营效率和盈利水平。

二是缺乏资产处置市场,资产抵押贷款的金融功能无法实现。虽然部分地区推进了农村房屋、林权、大棚养殖圈舍等确权颁证,但是由于缺乏资产处置市场或农村产权交易市场功能不健全,金融机构开展农村产权抵押贷款的积极性普遍不高,新型农业经营主体的农业资产仍然无法实现抵押贷款功能。

三是缺乏风险防范机制,资产抵押贷款功能较难落地。即使存在资产处置市场,由于农业生产设施与生物资产不如房产那样流通快、变现快,抵押风险依然较高,这也是大量金融机构惜贷的重要原因。换言之,农业生产设施与生物资产抵押贷款的风险防范机制缺失,使得金融机构接纳抵押物的积极性不高。

由上可见，推进农村金融改革、强化对新型农业经营主体的金融支持，既要推进确权颁证，又要完善资产处置市场，还要建立风险防范机制，即要增强改革的协同性，靠单兵突进难以奏效。然而，这种协同改革正是当前中国农村金融改革的薄弱点。

在农业生产各要素中，土地属于基础性要素，金融属于支撑性要素，两大要素市场发育滞后，严重制约着城镇劳动力向农业领域流动，从而也就无法带动资本和其他生产要素流入农业。从某种意义上讲，这是我国农业现代化和城镇化、工业化、信息化未能同步发展的重要原因之一。

二、病症二：内生发展扶持政策供能无力

2018年9月21日，习近平总书记在中共中央政治局就实施乡村振兴战略进行第八次集体学习时强调指出，要突出抓好农民合作社和家庭农场两类农业经营主体发展。本部分以这两类主体为例，从经营机制角度讨论相关体制机制问题。

（一）家庭农场：与小农户相似，比较脆弱

2012年，农业部进行家庭农场试点时曾经要求达到一定规模的专业大户须经工商部门登记才能成为家庭农场，但大部分家庭农场并没有及时登记。根据中央农办、农业农村部等11部门联合发布的《关于实施家庭农场培育计划的指导意见》，按照自愿原则依法开展家庭农场登记，登记是经营主体的自愿行为，不能也无法强迫登记。因此，现实中家庭农场和专业大户是同义语。根据全国31个省、自治区、直辖市2014—2018年家庭农场监测（全部为已登记农场）数据，全国家庭农场平均规模为400亩，分为15块地，平均每个地块27亩[1]。毫无疑问，自愿登

---

[1] 郜亮亮. 中国种植类家庭农场的土地形成及使用特征：基于全国31省（自治区、直辖市）2014—2018年监测数据[J]. 管理世界，2020，36（4）：181-195.

记的家庭农场规模一般都比较大，即使如此，上述监测数据的中位数仅为 200 亩。如果算上没有登记的小农场，全国绝大多数家庭农场的面积在 200 亩以下，一般为几十亩。这样规模的农场，实际上是农户的扩大版，经营理念、经营水平、营销体系、机械化水平等都不会有实质性改变。

调研表明，近年来，由于东北地区对玉米临时收储制度进行改革，玉米市场价格下降，稻谷和小麦的最低收购价格基本停滞不前，大大低于农业生产资料价格上涨幅度，直接影响了涉及粮食种植的家庭农场的收益水平，一旦遇到旱涝或者其他天灾，许多家庭农场主不得不选择退出甚至跑路。这种情况说明，如果家庭农场在种植结构、生产水平、营销渠道等方面与小农户完全相同，则无法在激烈的市场竞争中生存下来。如何解决家庭农场的脆弱性，理应成为支持政策的重点方向，然而有关这方面的扶持政策还不够充分。

（二）农民合作社：尚未形成企业化经营机制

当前，全国依法登记的农民专业合作社已经超过 220 万家，平均每个村 3 家以上。笔者调查过一个人口不过几十万人的中等县，合作社就达到了 3 000 多家。尽管合作社数量多，但平均每个合作社的成员数却很少，全国平均大约 60 人，很多为 20 人左右，很难真正发挥作用。这也是一些业内人士批评合作社"空壳社"的原因之一。调研发现，首先，规模过小的合作社很难发挥合作效应，在面对市场时，合作社遇到的问题就是农户问题的加总。其次，在农民专业合作社领办人构成中，村组干部、专业大户、农机手等占 93% 以上，他们的共同特点是熟悉农业生产过程，而对产前尤其是产后诸如加工、销售等环节则相对陌生。即使其中有一部分销售大户、农产品经纪人，这些合作社在面临诸如新冠肺炎疫情这样的大灾难时也手足无措。再次，绝大多数农民合作社依靠传统渠道销售农产品，合作的目的就是抱团对接诸如批发市场、龙头企业等渠道，而一旦遇到突发事件，部分合作社则会处于无助状态。造成这样结果的根本原因在于没有形成完善的企业化经营机制。1995

年,国际合作社联盟指出:合作社是出自愿联合的人们,通过其共同拥有和民主控制的企业,满足他们共同的经济、社会和文化需要及理想的自治联合体[①]。也就是说,不管社会给合作社附加多少职能,其本质只有一个,那就是企业化经营。没有形成企业化经营的合作社,不仅在突发事件中无所作为,在正常的市场状态下也很难发挥合作效应。

比如在抗击新冠肺炎疫情期间,经营机制灵活,或者理事长思路、办法多的合作社,不仅能够顺利抵御疫情带来的冲击,还能够为社区抗疫做出贡献。如山东省青州市绿龙蔬菜生产专业合作社,在各地为抗击疫情而封锁道路的第三天(正月初六)就开始为城区居民上门配送蔬菜,开辟新的销售渠道。据不完全统计,该合作社累计为3 000多户城市社区居民提供了蔬菜配送服务,同时为潍坊、青岛、济南、北京等地居民通过顺丰快递配送蔬菜产品1 000多单,为超市及社区团购组织提供新鲜蔬菜3万多斤,累计供应12万斤蔬菜产品,其中单日最大配送量达6吨多。这一做法不仅有效解决了本社成员及周边农户疫情期间的销售难题,还以捐助等形式为武汉和本地抗疫做出了贡献,提高了合作社的社会资本。更重要的是,该合作社通过网上直销活动成功实现了经营方式的转变。绿龙合作社的经验表明,企业化经营机制是合作社的生命线,否则,再多的合作社也解决不了农业和农民的问题。

如何促进农民合作社形成完善的企业化经营机制?上面提及的绿龙合作社的理事长实际上是一个善于经营的职业经理人。我国台湾地区的农协实际上就是以乡为法定经营范围的区域性合作社,经营好的农协基本都在人才市场上招聘了干事长,相当于企业的CEO。当然,聘用职业经理人有一个不可忽视的前提条件,就是合作社业绩良好,目前,只有大型合作社或者联合社才能做到这一点。因此,必须在规范的前提下继

[①] 孔祥智,金洪云. 国外农业合作社研究:产生条件运行规则及经验借鉴 [M]. 北京:中国农业出版社,2012.

续提升合作社质量，大力发展实体性农民专业合作社联合社，在联合社框架下外聘职业经理人或者实现经理人职业化，推进农民合作社经营机制的企业化。然而，当前我国新型农业经营主体的政策支持体系在此方面还很薄弱。

三、病症三：政府服务治理协调效能薄弱

新型经营主体代表着我国现代农业的发展方向。由于农业产业的弱质性、公益性等特点，政府必须给予相应的支持才能使其适应公平的市场竞争环境。我国的新型农业经营主体发育较晚，如果从2007年《农民专业合作社法》施行算起，也只有十几年的时间，尚未形成完善且符合市场经济体制要求的支持体系和治理体系，距离党的十九届四中全会提出的"治理体系和治理能力现代化"还有很大差距，具体表现在三个方面。

（一）农业公共服务：供给缺位

当前，面向现代农业发展的政府公共服务远没有到位，许多新型经营主体急需的服务供给严重不足。比如前述金融支持问题，由于政府担保系统不完善，抵押品创新滞后，目前尚未形成对于新型农业经营主体完备的金融支持体系，大部分经营主体还存在贷款难甚至贷不到款的问题，严重制约着新型经营主体的发展。再如农业设施用地问题，尽管多年的中央一号文件一再提及，但一直没有出台中央层面的统一政策，造成每个家庭农场主或者农民合作社理事长只能凭借自己的能力加以解决。农业设施用地问题迟迟没有解决，是制约新型经营主体发展，尤其是制约城市资本下乡的重要因素之一。最后，农业基础设施建设远远满足不了现代农业发展的需要，也是制约新型经营主体发展的因素之一。实地调查发现，为弥补基础设施短板，有相当一部分新型经营主体前期大量投入集中在农业基础设施建设上，导致发展资金被占用，制约其发展壮大。如陕西汉阴县某农业企业2011年进驻汉阴县时，茶园园区道路、灌溉用水、生活用水等基础设施都不健全，企业不得不投资建设基

础设施，削弱了企业产业发展能力，到目前为止企业也仅仅是勉强维持经营。

（二）农业治理手段：成熟度低

我国政府在农业领域的治理体制机制还不成熟，一定程度上会对新型经营主体的发展带来负面影响。比如2019年的大棚房治理，实际上整治的主要是新型经营主体的违建问题，但列入整治对象的经营主体，一些经地方政府同意甚至签了大棚房治理协议，有的还承担的是地方政府乃至中央政府下达的项目。这次整治使相当一部分新型经营主体损失巨大，有的甚至一蹶不振，难以东山再起。再如，为了应对近年来的"环保风暴"，一些地方大搞"无猪县"，猪肉价格暴涨后又采取补贴等方式养猪，造成新型经营主体无所适从。还有的地区，如通过补贴的方式引导新型农业经营主体投向某个产业，这种以"政府决策替代市场机制"的产业政策，诱导了新型农业经营主体将大量要素误投到某个特定产业。大量事实与研究反复证明了，企业"潮涌"投资某个领域时，很容易出现危机，如产能过剩、产品价格大跌[1]等，这也是许多新型农业经营主体因政策干扰陷入困境的主要原因。这些现象都表明，一些地方在农业领域的治理能力和治理手段还远远达不到党的十九届四中全会的要求，距离"现代化"差距很大。

（三）财政支农政策：协同性弱

政府财政支持远没有形成互相补充、互相支持且有机联系的政策体系。从中央层面看，近年来出台的各项补贴政策，如"三补合一"、耕地轮作休耕、重大生态资源保护、深松整地、节水灌溉、秸秆还田等都把符合条件的新型经营主体作为实施主体，各省（区、市）都有

---

[1] 林毅夫，巫和懋，邢亦青．"潮涌现象"与产能过剩的形成机制［J］．经济研究，2010，45（10）：4-19．

自己的补贴项目，财政能力比较强的市、县甚至乡镇都根据需要设置了相应的补贴项目。补贴项目多是好事，说明我国到了工业支持农业、城市带动乡村的发展阶段，但上述现象说明我国的农业补贴政策还处于初期阶段，远不成熟，也给新型经营主体带来了困惑，尤其是大部分补贴政策都不是普惠制度，而是优中选优，造成了寻租现象。部分门路广的新型经营主体主要依靠各类补贴过日子，有的人成立农民专业合作社的目的就是承担各类补贴①，还有的地方存在补贴"垒大户"现象，即不同部门的补贴都给了一个或几个主体，造成其他主体意见非常大。

第三节 对症下药：从"广度"到"深度"

面对制约新型农业经营主体发展的体制机制障碍，建议树立系统化改革思路，健全新型农业经营主体政策支持体系。

一、处方一：深化农村要素市场化改革

第一，健全用地支持政策。满足用地需求是促进新型农业经营主体发展的重点内容。一是积极引导农村承包地有序规模流转。要将土地经营权人的权益保障落到实处，建议出台相应的实施指导细则，中央政府要加大对地方政府在保障土地经营权人权益工作的督导力度。健全县乡村三级土地流转服务和管理网络，因地制宜建立农村土地流转服务公司、农村产权交易平台、土地流转服务中心等各类农村土地流转中介组织。二是完善设施农用地政策。进一步细化设施农用地范围，明确生产设施、配套设施、附属设施三类设施农用地的规划安排、选址要求、使用周期，出台农业配套设施和附属设施的建设标准和用

---

① "促进农民专业合作社健康发展研究"课题组. 空壳农民专业合作社的形成原因、负面效应与应对策略[J]. 改革, 2019 (4): 39-47.

地规范，适应环保监管和农村产业融合发展要求，适当扩大农业配套设施和附属设施的上限规模；建议有条件的地区推广浙江省平湖市经验，集中设施农用地指标并向产业融合发展项目倾斜。三是扩大涉农项目国有建设用地供给。各级政府在年度建设用地计划中要明确单列一定比例专门用于农村新产业新业态发展。对于落实不力的地方政府，在下一年度建设用地指标计划分配中给予扣减处罚。推广成都市经验，对带农作用突出、社会效益显著的农业种养、农产品加工、农业服务业等项目用地，在取得使用权并投产后，按照土地购置价格给予一定比例的补助。四是盘活农村存量建设用地。加快落实农村闲置宅基地、农村集体经营性建设用地可用作乡村产业发展建设用地来源的政策。鼓励有条件的地区编制农村土地利用规划，调整优化村庄用地布局，促进农村零星分散集体建设用地集中高效使用。通过农村闲置宅基地整理、土地整治等新增的耕地和节余的建设用地，优先用于农业农村发展。

第二，深化产权抵押融资。加快农村金融系统性、协同性创新，保障新型农业经营主体融资需求。鼓励地方政府开展以农村资产确权为基础、以农业保险创新为配套、以设立风险补偿金为保障、以建立农村产权交易中心为产权处置保障的农村产权抵押贷款机制。鼓励地方政府加快推进农村产权确权颁证，扩大农村抵押担保物范围，重点开展设施农业用地、农村土地承包经营权、农村房屋、林权、大棚养殖圈舍等农业生产设施抵押贷款以及活体动物、果园苗木等生物资产抵押贷款。完善农村产权价值评估体系，以风险基金补偿银行贷款损失，鼓励银行接纳农业生产设施抵押与生物资产抵押。加快建立农村产权交易市场，建议国务院办公厅通过督查奖惩机制，推动地方政府加快建立健全农村产权交易市场。国土部门和农业部门组织武汉农村综合产权交易所、成都农村产权交易所以及相关专家对各地方政府相关部门进行培训，鼓励地方政府考察学习这两大交易所的成熟经验并进行战略合作，按照"互联网＋基础模块标准化＋特色模块地方化"的模式建立各地农村产权交易市场，为今后全国农村产权交易市场互联互通、相互兼容做好准备。条件成熟时，依托各省区的农村产权交易市场，由国土和农业部门牵头建立区域性乃至全国性的农村产权交易市场。

第三，建立稳定的农村产业工人和技术人才队伍。鼓励下乡返乡人员创办新型经营主体并给予税收等方面的优惠。鼓励地方政府围绕当地主要农业产业，针对有影响力的人群开展免费培训，通过示范带动农民学习，为新型农业经营主体发展储备人才资源。全面建立高等院校、科研院所等事业单位专业技术人员到乡村和企业挂职、兼职和离岗创新创业制度，保障职称评定、工资福利、社会保障等方面权益，积极引导部分农民返乡、农村大学生回乡、科技人员下乡，将其参与乡村建设工作的经历与成绩作为职称评定、职务聘任的加分项。

二、处方二：持续增强新型农业经营主体内生发展能力

第一，强化新型农业经营主体内生性经营机制。一是强化科技示范价值。引导新型农业经营主体采用新品种，采纳新的种植方式和田间管理方式，获取新技术带来的价值增值，并对一般农户起到示范带动作用。二是支持购置先进农业机械和农业设施。新型农业经营主体购置农业机械，除了用本农场的生产经营活动外，还可以为农户提供耕种收管和烘干、储藏等社会化服务，并获取相应收入，要加大农机购置补贴政策对新型农业经营主体的倾斜力度。三是扶持新型农业经营主体产品品牌建设。新型农业经营主体开展绿色食品、有机食品、地理标志农产品认证和品牌建设，不仅能提升自身产品价值，并且还能对小农户产生带动作用，是增强新型农业经营主体内生发展能力的重要途径。建议农业政策要加大对新型农业经营主体品牌建设的扶持力度。四是促进新型农业经营主体之间的联合与合作。单个新型农业经营主体不可能独立面对千变万化的大市场，必须领办或者加入农民合作社或者其他合作经济组织、农业产业化联合体等。调研发现，已经有相当多的家庭农场联合起来成立农民合作社，纳入监测系统的家庭农场有 1/3 以上加入了各类合作社。因此，农业政策要引导新型农业经营主体走向联合与

合作。

第二，探索实施新型农业经营主体数字化改造升级。数字化转型就是利用数字化技术来推动组织转变业务模式、组织架构、核心文化等的变革措施，是未来提升生产组织能力的重要方向。建议采取有力措施，促进新型经营主体和数字化技术高度融合，按照农业农村部等部门联合发布的《数字农业农村发展规划（2019—2025年）》，要以数字化为手段，加快推进新型经营主体生产经营活动的精准化、管理服务的智能化，示范引导新型农业经营主体利用"互联网＋"、大数据、农产品电商等现代技术、现代商业模式，改造提升经营效率，增强新型农业经营主体发展能力。

三、处方三：全面提升政府支持效能

第一，补齐农村基础设施短板。持续加大投入力度，加快补齐农村基础设施短板，促进城乡基础设施互联互通。加强农村交通物流设施建设，持续推进农村道路建设，加快构建农村物流基础设施骨干网络，加快完善农村物流基础设施末端网络，推进县级仓储配送中心、农村物流快递公共取送点等建设，打通农村物流"最后一公里"。抓重点、补短板、强弱项、建机制，着力构建大中小微结合、骨干和田间衔接、长期发挥效益的农村水利基础设施网络，鼓励与引导地方政府将产业补贴资金、招商奖励资金重点用于农田水利等基础设施建设。加快推进农村地区通信网络覆盖步伐，加快接入能力低的行政村、农业生产基地光纤升级改造工作。鼓励与支持地方政府加大对农村产业园区的基础设施建设投入。

第二，加强政策机制化、制度化管理。建议加大培训与督导力度，引导地方政府建立以功能性产业政策为主的政策模式，在自然垄断、信息不完全、外部性、公共物品（基础设施）提供等市场失灵领域，加强功能性产业政策的运用。一方面，要缩小选择性产业政策的范围，从市场化程度较高的农业产业领域退出，改变靠补贴、靠项目、靠批地等方式支持某个特定农业产业的政策支持方式；另一方面，要完善和创新产

业政策工具手段，在融资担保、普惠性税收减免、行政审批等环节加大扶持力度；此外，要强化标准管理在产业政策手段中的突出作用，鼓励地方政府围绕主导农业产业，与农业龙头企业协同制定农业标准体系，强化能耗、环保、质量、安全等标准在产业准入和项目审批的约束力，限制或淘汰不合标准的项目。更为重要的是，中央政府要引导地方政府加强政策机制化、制度化管理，确保政策的连续性和稳定性，引导市场主体形成准确的政策预期。

第三，增强财政支农协同性。进一步增强改革的系统性、整体性，加快健全涉农资金统筹整合长效机制。一是进一步强化"三农"投入保障，提升涉农资金使用效益。二是深入推进涉农资金实质性整合，建议中央政府加大对地方的督促力度，促进未出台方案的地区尽快出台实施方案，督促指导地方依法依规按程序整合涉农资金，加强涉农资金监管，形成权责明确、有效制衡、齐抓共管的监管格局。三是做到财政支农公开透明，杜绝"垒大户""集中资源吃偏饭、造盆景"的补贴方式。

（执笔人：张怡铭、周振、孔祥智）

参考文献

［1］孔祥智，穆娜娜. 实现小农户与现代农业发展的有机衔接［J］. 农村经济，2018（2）.

［2］孙宪忠. 推进农地三权分置经营模式的立法研究［J］. 中国社会科学，2016（7）.

［3］孔祥智."三权分置"的重点是强化经营权［J］. 中国特色社会主义研究，2017（3）.

［4］郜亮亮. 中国种植类家庭农场的土地形成及使用特征：基于全国31省（自治区、直辖市）2014—2018年监测数据［J］. 管理世界，2020，36（4）.

［5］孔祥智，金洪云. 国外农业合作社研究：产生条件运行规则及经验借鉴［M］. 北京：中国农业出版社，2012.

［6］林毅夫，巫和懋，邢亦青. "潮涌现象"与产能过剩的形成机制［J］. 经济研究，2010，45（10）.

［7］"促进农民专业合作社健康发展研究"课题组. 空壳农民专业合作社的形成原因、负面效应与应对策略［J］. 改革，2019（4）.

Modernization of Agriculture and Rural Development in China

Modernization of Agriculture and Rural Development in **China**

第二章

农村社会保障体系：农民生活的"护栏"与"屏障"

2 农村社会保障体系：农民生活的"护栏"与"屏障"

社会保障是一个国家用于保障全社会成员基本生存与生活需要的最重要社会经济制度之一，我国农村社会保障是政府在广大农村主导实施、得到多方配合支持，并通过国民收入分配和再分配实现的社会保障制度安排。我国农村社会保障体系逐步完善，包括农村养老保障制度、农村居民最低生活保障制度、农村残疾人生活保障制度、农村五保供养制度和社会救助体系以及其他各项社会保障制度。随着各项制度自身不断完善，其提高生活水平、统筹城乡发展、维护社会和谐稳定的作用凸显。鉴于此，本章将分三节重点介绍在全面建成小康社会新的历史阶段我国农村社会保障体系的政策沿革及成效、存在的主要问题和发展趋势。

第一节 政策沿革：从"推倒"到"重建"

纵观改革开放后我国农村社会保障体系的变迁，总体来说可以归纳为重建与恢复、改革与探索以及全面发展三个阶段。

一、第一阶段：重建与恢复阶段（1978—2001年）

党的十一届三中全会的召开标志着我国历史进入改革开放新时期，全党工作重心转移到经济建设上来。同时，会议指出只有大力恢复和加快发展农业生产，才能不断提高全国人民的生活水平，并对农业农村的发展给予了高度重视。改革开放后，农村开始实行家庭联产承包责任制，这也意味着集体制度的农村社会保障功能开始失效，提出了重建农村社会保障体系的新要求。

1979年12月15日，卫生部等部门出台了《农村合作医疗章程（试行草案）》，指出应通过合作医疗站（卫生所），以大队办为主推广农村合作医疗，并对农村医疗卫生基层工作岗位做出了具体的规定，这对巩固和完善农村合作医疗制度，提高农村的医疗水平具有重要意义。次年，全国90%左右的生产大队实行合作医疗，并且被世界银行和世界卫生组织（WHO）誉为发展中国家解决卫生问题的唯一范例[①]。1993年党的十四届三中全会再次强调了发展和完善农村合作医疗制度。

1987年3月，民政部发布的《关于探索建立农村基层社会保障制度的报告》探讨了改革开放后我国经济和文化面临的新形势，提出了我国农村社会保障制度应以家庭保障为主，保障范围由小到大，保障内容因地制宜、由少到多，保障标准由低到高循序渐进的基本指导思想。1988年7月22日国家机构编制委员会印发的《民政部"三定"方案》以及1991年国务院发布的《关于企业职工养老保险制度改革的决定》等文件，明确了社会救济、农村五保以及农村养老保险由民政部负责管理。我国农村五保供养具有独立的政策法规始于1994年，国务院颁布了《农村五保供养工作条例》，对五保供养的对象、内容和形式给出了具体规定，并且明确五保供养为对符合条件的供养对象给予吃、穿、住、医、葬方面的生活照顾和物质帮助；同时，明确提出五保供养是农村集体福利事业，由乡镇府统筹工作，村集体直接实施。20世纪90年代，民政部陆续出台了农村社会养老保险的相关文件[②]，其中以1992年发布的《县级农村社会养老保险基本方案（试行）》（简称《基本方案》）为标志，开启了"旧农保"的农村社会养老保险制度发展阶段。《基本方案》对农村社会养老保险针对的投保对象、保险资金的筹集方式、缴费的标准及支付方式、基金的管理与保值增值等方面做出了具体规

[①] 杨森平，李伊宁. 基于马克思"产品扣除"理论下的我国农村医疗体制改革问题研究[J]. 当代经济研究，2008（7）：64-67.

[②] 1991年7月15日，民政部印发《关于当前开展农村社会养老保险工作有关事宜的通知》；同年11月，民政部印发《关于进一步加强农村社会养老保险工作的通知》《关于进一步理顺农村社会养老保险工作关系的通知》。

1992年1月3日，民政部发布《县级农村社会养老保险基本方案（试行）》；3月2日，民政部印发《关于农村社会养老保险资金购买国家债券有关事宜的通知》；4月24日，民政部印发《关于加紧农村社会养老保险改革的通知》；6月18日，民政部印发《关于农村社会养老保险基金使用有关问题的通知》；9月15日，民政部印发《关于进一步加快发展农村社会养老保险事业的通知》。1993年4月27日，民政部办公厅印发《农村社会养老保险会计制度（试行）》；6月14日，民政部印发《关于做好农村社会养老保险工作几个问题的通知》。1994年7月21日，民政部发布《农村社会养老保险计发办法（试行）》；9月19日，民政部印发《关于加强农村社会养老保险基金管理的通知》。1998年10月19日，国务院办公厅转发民政部《关于进一步做好农村社会养老保险工作意见的通知》。

定,为我国农村社会养老保险制度的发展奠定了基础。《基本方案》指出农村社会养老保险的资金应以个人缴纳为主,国家可予以政策支持,但应坚持资金自助的主要地位。1993年党的十四届三中全会通过的《中共中央关于建立社会主义市场经济体制若干问题的决定》也强调农民养老应主要依靠家庭的保障。

在此阶段,政策成效主要表现在农村社会保障积极适应了经济改革和社会转型的大环境,国家前期对传统社会保障制度总体上持恢复与维护的政策取向,使得传统社会保障制度在前期仍然占据主导地位,但是新的社会保障制度也得到缓慢生长。与之同时,我国农村社会保障制度经历了从开始的以家庭保障和个人责任为主,到逐渐注重政府责任、不断强化政策支持力度和调控水平的过程。基于此,农村社会保障水平包括保障覆盖面和保障标准也开始不断提升。农村合作医疗经过1992年和1997年两次推广,2000年左右在江苏、山东等东部地区覆盖率已达50%~65%,湖北、河南等中部地区覆盖率均在30%左右[1]。自1993年国务院批准建立农村社会养老保险管理机构、各种规章制度与操作方案陆续出台开始,农村社会养老保险工作在全国推广,1995年开始明确在有条件的地区积极稳妥地发展农村社会养老保险,并分类指导,规范管理,2000年初步建立农村社会养老保险制度,这一系列的举措具有现代性和前瞻性特点,总体上具有开创性意义。

二、第二阶段:改革与探索阶段(2002—2011年)

党的十六大报告将健全社会保障体系作为全面建设小康的重要任务和目标,并且注重再分配的公平作用,强调提高低收入者的收入水平。党的十六大报告提出了"建立健全同经济发展水平相适应的社会保障体系,是社会稳定和国家长治久安的重要保证",在农村社会保障制度的发展上鼓励探索建立农村养老、医疗保险和最低生活保障制度,以推动

---

[1] 段庆林.中国农村社会保障的制度变迁(1949—1999)[J].宁夏社会科学,2001(1):22-30.

农村社会保障体系的改革和完善。

2002年10月19日，中共中央、国务院颁发《关于进一步加强农村卫生工作的决定》，提出了"建立以大病统筹为主的新型农村合作医疗制度"的要求。2003年1月16日，国务院办公厅转发卫生部、财政部、农业部《关于建立新型农村合作医疗制度的意见》，强调依据"自愿参加，多方筹资"（个人、集体和政府共同筹资）、"以收定支，保障适度"（以维持此项制度的可持续发展能力）、"先行试点，逐步推广"（总结试点经验，不断完善制度）三项原则，建立起新时期的新型农村合作医疗制度。2003年11月18日，民政部、卫生部、财政部发布《关于实施农村医疗救助的意见》，要求针对农村五保户和贫困户开展医疗救助工作。2004年1月5日，财政部、民政部发布《农村医疗救助基金管理试行办法》提出资金使用应公开、公平、公正，并且应合理安排收支，专款专用，量入为出。

在这一改革探索时期，五保供养等社会保障政策也在适应着政策的改变与前进。2000年《关于进行农村税费改革试点工作的通知》的颁布标志着农村税费改革工作的开启，这意味着五保供养政策将失去一部分资金来源渠道，给相关工作的开展带来了较大的挑战。2004年，民政部、财政部、国家发展和改革委员会发布了《关于进一步做好农村五保供养工作的通知》，强调农村五保供养资金从农业税附加中列支，并提出了相应的资金补贴和管理措施，以保证资金的落实。2006年，我国全面取消农业税，对农村五保供养的资金筹集提出了更大的挑战。同年1月21日，国务院颁布新的《农村五保供养工作条例》，明确五保供养的资金由地方财政安排，也可采用农村集体经营收入进行补贴，并且针对资金的监督管理给出了更详细的规定，明确了相关负责工作人员的法律责任。2007年7月11日，国务院印发《关于在全国建立农村最低生活保障制度的通知》提出以解决全国农村贫困人口的温饱问题为目标，对家庭年人均纯收入低于当地最低生活保障标准的农村居民提供低保补助。2008年民政部、财政部发布的《关于进一步提高城乡低保补助水平　妥善安排当前困难群众基本生活的通知》以及2010年民政部发布的

《关于进一步规范农村最低生活保障工作的指导意见》都对最低生活保障制度工作提出了更完善的统筹安排措施。

2009年8月18—19日，全国新型农村社会养老保险试点工作会议召开，会议指出新农保对于破除城乡二元结构、促进社会公平、构建更完善的城乡社会保障体系具有重要意义。同年9月1日，国务院印发了《关于开展新型农村社会养老保险试点的指导意见》（简称《指导意见》），确定了个人缴费、集体补助以及政府补贴相结合的新农保制度，并提出了2009年试点范围应覆盖全国10%的县（市、区、旗）的指示。《指导意见》所确定的新农保制度更突出政府的政策支持作用，规定了政府根据实际情况提供基础养老金补助，以及地方政府应当对参保人缴费给予"不低于每人每年30元"标准的补贴等支持措施。2011年，财政部、人社部通过了一系列文件[①]进一步推动新旧农保的衔接以及新农保试点工作的开展，对新农保基金财务管理以及会计核算做出了详细规定。2010年10月通过的《社会保险法》更是从法律层面强调了采用"个人缴费＋集体补助＋政府补贴"的农村社会养老保险筹资模式，推动新农保在全国范围内展开实施。

此阶段的政策成效主要表现为在改革探索阶段中，随着制度体系日趋完善，我们开始实现农村社会保障多方机制的联动。这既体现在资金筹集方面，也体现在体制机制的设计层面。以新型农村社会养老保险制度为例，2011年7月实施的《社会保险法》为此提供了法律层面的保障，该法第二十条确认了"个人缴费＋集体补助＋政府补贴"的筹资模式，这有利于充分动员多方力量，为我国农村社会保障制度的发展提供后备保障，并且《社会保险法》的出台进一步加快了"新农保"在全国范围内的实施，短时间内覆盖率快速上升，2011年上升到60%，国家

---

① 2011年3月3日，财政部、人社部发布《新型农村社会养老保险基金财务管理暂行办法》；3月9日，财政部发布《新型农村社会养老保险基金会计核算暂行办法》；10月19日，人社部办公厅印发《关于做好当前新型农村和城镇居民社会养老保险试点工作的通知》；12月31日，财政部印发《关于中央财政新型农村和城镇居民社会养老保险试点专项补助资金管理有关问题的通知》。

新农保试点（含当时已开展城乡居民养老保险的地区）参保人数达到3.26亿，是2008年的5.83倍，此外还有17个省（区、市）的339个县（市、区、旗）自行开展了新农保试点，北京、天津、浙江、江苏、宁夏、青海、海南、西藏等地已经实现新农保制度全覆盖[1]。之所以在短时间内实现覆盖率快速上升，主要在于"新农保"的筹资方式符合农村居民的需求与实际情况，国家在个人缴费与养老金领取两方面都对参保人员进行补贴，为60岁以上的农村居民在事实上确立零支柱养老保险，大大增强了农村居民的参保积极性，尤其是基础养老金为农村居民提供了重要保障，可以说是推动新农保制度快速全民覆盖的关键要素。与之同时，扶贫和低保这两项面向贫困人口的政策措施的衔接，也是对提高政策效率和增强扶贫效果的有益探索，有利于减贫目标的如期实现，同时对构建协调可持续的农村社会保障体系起到重要的推动作用。

三、第三阶段：全面发展阶段（2012— ）

党的十八大报告明确提出"统筹推进城乡社会保障体系建设"，并且将"增强公平性、适应流动性、保证可持续性"作为工作重点；党的十八届三中全会再次强调了"建立更加公平可持续的社会保障制度"。至此，我国农村社会保障制度进入全面发展阶段，政策上更加注重保障全体居民的基本生活和推动城乡经济社会协调发展。

为响应党的十八大提出的城乡一体化战略，我国农村的合作医疗、养老保险、社会救助等制度都有了新的发展。2013年3月，国务院发布《国务院机构改革和职能转变方案》，提出将城镇职工基本医疗保险、城镇居民基本医疗保险、新型农村合作医疗的职责整合，由一个部门承担。2016年1月3日，国务院印发《关于整合城乡居民基本医疗保险制度的意见》，提出整合城镇居民基本医疗保险制度和新型农村合作医疗

---

[1] http://www.mohrss.gov.cn/SYrlzyhshbzb/dongtaixinwen/buneiyaowen/201206/t20120627_94993.html.

制度，从而建立统一的城乡居民基本医疗保险制度。2014年2月21日，国务院发布的《关于建立统一的城乡居民基本养老保险制度的意见》决定结合新型农村社会养老保险制度与城镇居民社会养老保险制度，统称为"城乡居民基本养老保险制度"。2018年5月10日，人社部和财政部印发的《关于2018年提高全国城乡居民基本养老保险基础养老金最低标准的通知》提出自2018年起，基础养老金最低标准由每人每月70元提高至每人每月88元。2019年2月25日，人社部、财政部印发《关于确定城乡居民基本养老保险基金委托投资省（区、市）启动批次的通知》，要求在2020年底前各省市全部启动居民养老基金委托投资工作，不断扩大城乡居民养老基金的投资规模，对提高农村社会养老保险可持续发展能力，缓解政府财政压力起到了重要作用。2014年，国务院颁布的《社会救助暂行办法》首次将农村五保供养制度与城市"三无"人员保障制度统一，提出了"特困人员供养制度"，这对统筹规划城乡特困人员的供养制度，促进社会公平具有深刻影响。同时，《社会救助暂行办法》对最低生活保障、特困人员供养、受灾人员救助、医疗救助、教育救助、住房救助、就业救助、临时救助等八项救助进行了统筹工作安排，致力于促进我国社会救助体系的进一步完善。

为实现我国农村社会保障制度的全面发展，这一阶段的政策也更重视农村社会保障体系建设与精准扶贫政策之间的相互促进作用。2015年，中共中央、国务院印发《关于打赢脱贫攻坚战的决定》，要求到2020年实现7 000多万农村贫困人口脱离贫困的既定目标，并且强调了农村最低生活保障制度的兜底脱贫作用。2016年9月17日，国务院办公厅转发的《关于做好农村最低生活保障制度与扶贫开发政策有效衔接的指导意见》，对农村低保制度与扶贫政策在具体实施、对象选择、标准制定以及实际管理等方面的工作做出了具体规定，从而推动形成政策合力，确保实现2020年我国脱贫目标的实现。

这一阶段的政策成效，主要体现在以下三个方面：首先是充分政策支持推动保障水平提升。在政府充分的政策支持下，我国农村居民参与社会保障体系的积极性不断提高，同时农村社会保障水平，包括保障覆盖面和保障标准也不断提升。以农村社会养老保险为例，截至2019年底，全国参加新型农村社会养老保险人数为53 266万，相较2009年开始建立新型农村社会养老保险试点时，参保人数增加了5倍多[1]。我国五保供养水平也在不断提高。相较于2007年的供养标准[2]，2015年，五保集中供养标准提高了4 072.7元/人，年平均增长率26.07%；分散供养标准提高了3 058.1元/人，年平均增长26.69%[3]。其次是注重城乡统筹发展，推动社会公平正义。随着我国经济社会发展水平的提升，农村社会保障制度逐渐向城乡统筹融合的方向发展。在养老保障方面，我国建立了城乡居民基本养老保险制度，充分考虑全国所有居民的基本养老需求，让老年人"老有所依"；在社会救助方面，我国对城乡特困人员供养制度做出了具体部署，努力实现"应救尽救、应养尽养"；在医疗卫生方面，我国统一了城乡居民基本医疗保险制度，推动城乡居民享有公平的基本医疗保险权益，促进城乡经济社会协调发展。我国农村社会保障制度实现城乡统一发展，有效推进了城乡一体化和全面建成小康社会进程，对保障人民的基本生活、促进社会公平正义具有重要意义。最后是社会保障助力脱贫攻坚。2015年，中共中央、国务院印发《关于打赢脱贫攻坚战的决定》，强调发挥农村社会保障制度的兜底作用。社会保障兜底一批，是精准扶贫"五个一批"工程的重要内容。从2012年底到2017年底，全国农村低保平均标准从每年每人2 068元提高到每年每人4 301元，增长108%；全年支出农村低保金从658.2亿元提高到1 023.2亿元，增长55.5%，农村低保兜底保障能力显著增强[4]。以甘肃省为例，农村特困人员救助供养标准由2015年的每人每年4 114元提高到2020年的7 200元、8 400元、9 600元三个档次，增幅超过75%，同

---

[1] http://www.mohrss.gov.cn/SYrlzyhshbzb/zwgk/szrs/tjgb/202006/W0202006085346-47988832.pdf.

[2] 据民政部数据，2007年我国五保集中供养的平均标准为1 953元/人，分散供养的平均标准为1 432元/人。

[3] 中国民政统计年鉴（2016）. https://data.cnki.net/trade/Yearbook/Single/N2017020208?z=Z021.

[4] http://www.gov.cn/shuju/2018-10/31/content_5336033.htm.

时充分发挥临时救助的兜底作用，对因意外灾害、交通事故、患重特大疾病等造成生活困难的急难型救助对象，快速启动5 000～25 000元的大额临时救助，并简化优化审核审批程序，适当提高救助标准，突出"应急""过渡"功能。2018年至2020年上半年，累计开展临时救助381.3万人次，支出临时救助资金45.2亿元[①]。改革开放以来，农村社会保障重要政策梳理见表2-1。

表2-1 改革开放以来农村社会保障重要政策梳理

时间	文件名称	主要内容
1979.12.15	农村合作医疗章程（试行草案）	做出了以大队办为主，通过合作医疗站（卫生所）推广农村合作医疗的规定，并对农村医生岗位进行了安排。
1987.3.14	关于探索建立农村基层社会保障制度的报告	分析了改革开放后我国经济和文化面临的新形势，提出了我国农村社会保障制度建设的基本指导思想。
1992.1.3	县级农村社会养老保险基本方案（试行）	对农村社会养老保险针对的投保对象、保险资金的筹集方式、缴费的标准及支付方式、基金的管理与保值增值等方面做出了具体规定，为我国农村社会养老保险制度的发展奠定了基础。
1994.1.23	农村五保供养工作条例	规定了五保供养的对象、内容和形式，并且给出了"五保供养"的具体定义。
2003.1.10	关于建立新型农村合作医疗制度的意见	强调依据"自愿参加，多方筹资""以收定支，保障适度""先行试点，逐步推广"三项原则，标志着新时期新型农村合作医疗制度的建立。
2006.1.21	农村五保供养工作条例	针对资金来源渠道、监督管理给出了更详细的规定，明确了相关责任人的法律责任。
2007.7.11	关于在全国建立农村最低生活保障制度的通知	提出对家庭年人均纯收入低于当地最低生活保障标准的农村居民提供最低生活保障。
2014.2.21	关于建立统一的城乡居民基本养老保险制度的意见	合并新型农村社会养老保险制度与城镇居民社会养老保险制度，统称为"城乡居民基本养老保险制度"。

---

① http://www.moa.gov.cn/xw/qg/202006/t20200610_6346232.htm.

续表

时间	文件名称	主要内容
2014.2.21	社会救助暂行办法	将农村五保供养制度与城市"三无"人员保障制度统一为"特困人员供养制度"。同时对八项社会救助形式进行了统筹工作安排。
2016.1.3	关于整合城乡居民基本医疗保险制度的意见	整合城镇居民基本医疗保险制度和新型农村合作医疗制度，建立了统一的城乡居民基本医疗保险制度。
2019.2.25	关于确定城乡居民基本养老保险基金委托投资省（区、市）启动批次的通知	要求在2020年底前全面启动居民养老基金委托投资工作，扩大城乡居民养老基金的投资规模，减轻政府财政压力。
2019.12.19	关于在脱贫攻坚中切实加强农村最低生活保障家庭经济状况评估认定工作的指导意见	聚焦农村最低生活保障家庭经济状况评估认定指标体系的建立，致力于推进低保制度的规范化、精准化、便利化。

第二节　观衅伺隙：从"框架"到"主体"

社会保障制度事关百姓福祉和社会稳定，是一个现代化国家实现长治久安的基础保证。随着我国经济社会的发展，综合国力明显增强，在党和国家的高度重视下，我国社会保障事业也不断取得显著成就，农村社会保障制度体系基本形成，覆盖面和保障能力不断提升，在保障农村居民基本生活等方面发挥了巨大的作用。然而，受传统城乡二元结构模式的影响，我国城乡之间发展水平还存在着较大差距，农村社会保障工作基础仍然薄弱，最需要加强。在新的历史条件下，必须正视我国社会主要矛盾已经转化为人民日益增长的美好生活需要和不平衡不充分的发展之间的矛盾这一客观现实，清醒地认识到农村社会保障体系建设还存在着保障水平低、发展不均衡、资金投入不稳定、社会化程度低、运行机制不完善、管理体制不健全和法律制度建设滞后等问题。

一、漏洞一：保障水平偏低且发展不均衡

受限于经济发展水平，农村地区各项制度的保障水平还处于较低层次。以最低生活保障制度为核心的社会救助以及养老、医疗等社会保险由于分城乡或群体组织实施，导致城乡、群体、区域之间的保障水平、社保待遇存在着较大的差距[1]。就社会救助兜底保障而言，政策瞄准对象主要是绝对贫困人口，因此低收入家庭、支出型贫困家庭尚未被纳入救助范围。虽然近几年农村最低生活保障标准处于增长的状态，但考虑到新时代困难群众对美好生活的需求和向往，当前的社会救助还存在着一定供给缺口，且供给方式较为单一，以物质类救助为主而缺乏服务类救助[2]。就新农保制度而言，对个人缴费实行分档缴费、多缴多得的政策，农户个人缴费的多少将直接影响其未来可获得待遇的水平。截至 2019 年末，全国城乡居民基本养老保险参保人数 53 266 万，其中实际领取待遇人数 16 032 万，基金支出 3 114 亿元，折合每人每月领取 162 元左右；而城镇职工基本养老保险参保人数为 43 488 万，基金收入达到了 52 919 亿元，基金支出 49 228 亿元[3]。由此可以看出，新农保的保障水平依然偏低，与职工基本养老保险相比差距较大。按照城乡、区域、群体分割设置的社会保障体系，虽综合考虑了发展差异和财政实力，但也导致社会保障水平差距不断扩大，而且由于各地政府的重视程度和经济发展水平存在差异，全国不同地区的农村社会保障标准、保障范围和保障水平也不尽相同。在东部地区，由于保障人口的绝对数量小，财政收入较高，其保障标准也较高，能够给予农村人口足够的支持。而广大中西部地区尤其是欠发达地区，农村人口规模庞大，尤其是贫困人口数

---

[1] 葛延风. 抓住关键问题不断完善社会保障体系. http://www.drc.gov.cn/DocView.aspx?chnid=379&leafid=1338&docid=2901278.

[2] 国务院关于加强社会保障体系建设助力打好精准脱贫攻坚战推进社会救助工作情况的报告：2019 年 12 月 25 日在第十三届全国人民代表大会常务委员会第十五次会议上. http://www.npc.gov.cn/npc/c30834/201912/2d2149602f2349c78ab282802be1a617.shtml.

[3] 2019 年度人力资源和社会保障事业发展统计公报. http://www.mohrss.gov.cn/SYrlzyhshbzb/zwgk/szrs/tjgb/202006/t20200608_375774.html.

量众多，但政府财力有限，供求之间的巨大矛盾导致当地保障标准普遍较低。

二、漏洞二：资金投入匮乏且过分依赖各级财政

农村社会保障资金的来源比较单一和有限，主要通过"个人缴纳为主，集体补助为辅，国家给予政策扶持"的方式筹集。然而，农村地区经济发展较为缓慢，农民收入偏低，纯务农的家庭还面临较高的自然风险和市场风险，因此收入还具有极大的不稳定性和不连续性，很大一部分农民甚至没有充裕的资金承担各类保险费用，导致农村社会保障体系的建设资金长久处于缺乏状态。同时，即便有一些农民自身具备缴纳能力，但受到传统的"钱要握在自己手中""财不外露"等思想观念的影响，对社会保险制度缺乏充分的认识，风险保障意识也不到位，因此缴纳保费的意愿很低。由于参保遵循农民自愿的原则，因此农村社会保障体系在实现农村地区全覆盖方面存在一定的难度，制约着农村社会保障制度的发展。

国家虽然鼓励多渠道筹集农村社保资金，但整个社会保障体系仍然以政府保障为主，社会力量和市场作用发挥不足，社会慈善事业、各种商业养老和医疗保险等发育水平仍然较低。政府财政补助方面，农村地区部分保障项目面临较大财务压力，其中比较值得关注的是养老保险制度和最低生活保障制度。目前，中国农村人口老龄化速度快于城市，面对日益弱化的家庭养老功能和土地保障职能，农村社会养老保障制度作为整个养老服务体系建设的重要组成部分，承受着巨大的发展压力。受老龄化加速、抚养比快速提升等因素影响，近年来，已经有多个省份养老金当期收不抵支。就现有的农村低保制度而言，低保资金主要由县及县以下地方政府共同负担，中央财政给予的补贴十分有限。由于各地经济发展水平极不平衡，地方财政收入存在较大差距，低保需求较大的地区往往是经济不发达和贫困人口较多的地区，财政收入更有限。因此，在当前中央财政调节力度过小的状况下，地方各级财政支出压力较大，随着救助面的逐步扩大，各级地方政府面临着更大的资金筹

集困境。

三、漏洞三：运行机制亟待完善且管理体制不健全

我国农村社会保障体系的统筹层次较低，运行机制的不完善导致不能充分实现政策的保障效果。区域经济发展的巨大差异和固化的地方利益格局，使目前处于改革过程中的养老保险全国统筹面临着重重阻力，大部分地区的基础养老金的统筹依然还在县级或市级层次，管理分散化和制度碎片化限制了流动人口参保和关系转移，且地区之间无法互济基金余缺也阻碍了养老保险制度充分发挥互助共济的作用。各种社会救助项目也缺乏有效统筹和管理，救助资源分配不均衡的现象多有发生，重复救助和救助盲区并存。农村最低生活保障的覆盖人口是收入低于当地最低生活标准的农村居民，但在实际操作中，尚未形成完善的救助对象识别流程，降低了救助对象认定的精准度。在收入的确定过程中，家庭年收入应当包括哪些部分尚不明确，家庭外出务工人员工资性收入以及汇款等是否应当纳入收入核查范围仍然存在着很大的争议，五保户是否应当纳入最低生活保障范围等争议性问题一时也得不到统一的答案，只能由各省自行出台管理办法。此外，动态管理落实不足是低保政策饱受诟病的主要原因之一。在实际执行中，基层工作人员不足、收入隐蔽等问题，造成部分已经不符合低保标准的农户仍然享受低保政策，降低了资金使用率，削弱了政策的保障作用和公正性。此外，我国医药卫生体制尚不完善，各地农村卫生服务体系建设程度不一，较低的统筹水平极大地降低了对流动人口的保障程度，目前仅有少数几个省（区、市）实现了跨省（区、市）转诊即时结报，多数省（区、市）仍需要先行垫资再回参合地报销，不利于对流动人口尤其是农民工医疗权益的保障，"异地就医结报"问题尚待加快解决。就社保基金而言，个人账户保值增值的难度较大。一是因为投资渠道受限，中央对基金投资控制严格，规定社保基金只能存入四大国有银行和购买国债。实际运行中，大部分地区的社保基金都存入了银行，单一的基金增值渠道无法实现较高的经济收益。二是因为地方对

基金的管理水平较低，缺乏专业人才负责运营管理社保基金，难以进行有效投资。保值增值难度加大意味着社会保障体系的可持续性受到威胁，在通胀的情况下农民的合法权益不能得到有效保障，将会影响农民参保缴费的积极性，导致个人缴费水平低，限制了保障作用的发挥。

就管理体制而言，农村社会保障工作存在多头管理、分工混乱等现象，呈现出"多龙治水"的局面，如新农保归口地方劳动保障部门，新农合归口地方卫生部门，农村低保、五保供养和医疗救助归口民政部门，各部门之间信息沟通和共享程度不高，职能越位与缺位并存[1]，且由于各部门、各单位的地位和利益关系不一样，很容易引发矛盾，政策效果大打折扣。很多地方受制度、财力等多种因素影响，部门机构不健全、工作力量薄弱、工作经费紧张等问题较为突出，基层较弱的经办服务能力与当前情况复杂、需求多样、任务繁重的农村社会保障工作并不相配，"最后一公里"问题尚未从根本上得到解决[2]。基层缺乏专业人才和严格的管理制度，致使农村社会保障在资格审核、资金发放等方面不够规范、随意性较大，"人情保""关系保"以及隐瞒收入、骗取救助等问题未能完全杜绝。在农村社会保障体系的宣传过程中，存在着宣传材料过于书面化等问题，导致文化水平较低的农民对社会保障缺乏足够的认识，参保意识薄弱，同时目前烦琐复杂的申请程序也降低了农民的参保积极性。此外，按照国际通行做法，农村社会保障基金往往实行的是收支两条线管理，但在我国大部分地区相关管理部门是集基金征缴、管理与使用权于一身的，事权划分和上下级政府的支出责任不明确，部门之间的监督机制薄弱，难以调动各级政府发展农村社会保障事业的积极性，保证基金的正常高效运作。

---

[1] 王飞. 我国农村社会保障体系之意义、问题与进路 [J]. 长江大学学报（社科版），2014, 37 (5)：125-127.

[2] 国务院关于加强社会保障体系建设助力打好精准脱贫攻坚战推进社会救助工作情况的报告：2019 年 12 月 25 日在第十三届全国人民代表大会常务委员会第十五次会议上. http://www.npc.gov.cn/npc/c30834/201912/2d2149602f2349c78ab282802be1a617.shtml.

四、漏洞四：法律制度建设滞后且规范化水平不高

我国是一个农业大国，农村人口基数庞大，保障民生历来是国之发展根本。党的十五届三中全会明确指出要逐步建立和完善我国的农村社会保障制度，党的十六大报告确立了全面建设小康社会奋斗目标，同时还提出了在"有条件的地方，探索建立农村养老、医疗保险和最低生活保障制度"的任务。相比西方国家较早地开始了社会保障体系建设和保障立法，如德国1883年俾斯麦政府颁布的《疾病社会保险法》标志着其现代社会保障制度正式确立，美国1935年颁布的《社会保险法》奠定了其社会保障制度的基石，我国的社会保障体系建设起步较晚，且由于国内无现成的可供借鉴的经验，在农村社会保障体系建设过程中，基本采取从试点到全面铺开的发展路径，逐步摸索完善农村社会保障制度。但在总结经验并进一步推广的过程中，缺乏制度化的法律条文保证工作统一开展，渐进改革的法制建设严重滞后。当前，我国并没有针对农村社会保障体系的专门法，这一领域的统一立法还处于空白状态。2011年7月虽然正式实施了《中华人民共和国社会保险法》，但受当时条件的影响，法律框架还具有明显的局限性[1]，部分条文不再适应如今机构改革和制度并轨下的法律需求，如其中第二十至第二十二条规定的农村养老保险和城镇居民养老保险早在2014年就开始了合并工作；再如，城乡居民基本医疗保险在许多地方已经统一，但第二十四至第二十五条中仍然是城乡分割。此外，国家层面的法律法规与政策性文件原则性过强，以农村社会养老保险制度为例，涉及该制度的具有较高法律效力的有《中华人民共和国社会保险法》《中华人民共和国老年人权益保障法》等[2]。农村社会保障制度缺少成体系的专门法律保证，部分零星的与之相关的条款也只是散见于诸多法律条文

---

[1] 郑功成. 中国社会保险法制建设：现状评估与发展思路[J]. 探索，2020（3）：31-41.

[2] 孙晓园. 我国农村社会养老保险的法律规范研究[J]. 中国集体经济，2019（1）：98-100.

之中，内容分散、点到为止，面对实际情况和特殊问题的可操作性不强，同时，条文之间还存在着冲突和衔接不上等问题，极大地增加了政府的行政负担。

由于缺乏必要的法律依据和保证，现阶段农村社会保障立法层次相对较低，法制化、规范化水平不高，迄今为止尚未形成专门针对农村社会保障制度的法律体系，在实践中主要还是依靠中央出台的条例或暂行办法和地方政府部门发布的大量的决定、通知和规定等政策性文件来确保制度实施。这就使得一项政策会呈现出较大的区域差别，并且极易导致政策变化，彼此之间很难实现有效衔接，不仅不利于农村社会保障法律体系建设，还进一步增加了法律的主观随意性，在一定程度上构成了深化改革的法律障碍。农村社会保障工作的推行缺乏稳定性和法律权威性，也制约着新制度走向成熟和定型[1]。同时，一些政策措施在实施过程中缺乏强制性且法律监督机制较为薄弱，尽管在《中华人民共和国社会保险法》中法律责任单独成一章，但缺少对具体条文的解释。在其他部门规章和政策性文件中对于管理机构也只涉及其职责、管理办法、经费的支出途径和基金的监督，而对于违法违规的处罚只字未提[2]。这就使得在农村社会保障体系中法律责任缺位、制裁措施的威慑力不强，导致制度执行的实际效果大打折扣，政策落实不到位、滥用职权、借政策便利中饱私囊等现象多有发生。

第三节 修缮补葺：从"中心"到"边缘"

从我国乃至世界的大环境来看，社会保障制度体系的完善和保障水平的提升有助于为经济社会发展创造稳定的社会环境，改善劳动用工制

---

[1] 郑功成. 中国社会保险法制建设：现状评估与发展思路 [J]. 探索，2020（3）：31-41.

[2] 孙晓园. 我国农村社会养老保险的法律规范研究 [J]. 中国集体经济，2019（1）：98-100.

度，提升居民的消费能力从而带动经济发展①。经过不断发展，我国已经建立了世界上覆盖人数最多、政府支出规模最大的社会保障制度体系，尤其是农村社会保障制度体系的建立、发展和完善更加体现了我国党和政府让改革成果更多更公平惠及全体人民的决心。目前，新农保、新型农村合作医疗和农村社会救助制度等农村社会保障制度已经成为惠及广大农村居民的重大民生工程，截至 2019 年末，全国参加城乡居民基本养老保险的人数为 53 266 万，参加城乡居民基本医疗保险的人数为 102 510 万，参加工伤保险的农民工人数 8 616 万，享受农村最低生活保障的人数为 3 456 万，享受农村特困人员救助供养的人数为 439 万②。但是，如前文所述，受城乡二元结构的影响，我国农村地区的社会保障制度建设长期落后于城镇地区，我国农村社会保障制度还面临保障水平偏低且发展不均衡、资金投入匮乏且过分依赖财政、管理体制不健全等问题，新时代在全面建成小康社会的战略背景下，面对我国社会老龄化进程不断加快等严峻形势，加快我国农村地区社会保障事业持续健康发展是实现乡村振兴的必然要求，必须准确把握农村社会保障制度的发展趋势。

一、补丁一：推进农村社保事业多层次发展

党的十九大报告指出，中国特色社会主义进入了新时代，我国社会主要矛盾已经转化为人民日益增长的美好生活需要和不平衡不充分的发展之间的矛盾。从主要矛盾论述来看，从之前的日益增长的物质文化需要到现在的日益增长的美好生活的需要，说明人们所关注的不仅仅是物质文化，而是更加关注有没有更稳定的工作与收入、更舒适的生活环境、更高层次的生活质量，其中对于社会保障的需求日益提升。与此同时，党的十九大明确提出要"全面建成覆盖全民、城乡统筹、权责清

---

① 郑功成. 中国社会保障改革与经济发展：回顾与展望［J］. 中国人民大学学报，2018，32（1）：37-49.

② 中华人民共和国 2019 年国民经济和社会发展统计公报. http://www.stats.gov.cn/tjsj/zxfb/202002/t20200228_1728913.html.

晰、保障适度、可持续的多层次社会保障体系"。站在新的历史起点上，在全面建成小康社会的基础上推动我国经济社会进一步发展，必然要以全面建成中国特色社会保障体系为重要依托，而全面建成中国特色社会保障体系又以建成合理的多层次保障体系为条件①。

当前，我国社会中最大的发展不平衡，是城乡发展不平衡；最大的发展不充分，是农村发展不充分。而积极适应社会主要矛盾的变化、贯彻以人民为中心的思想要求我们坚持农业农村优先发展，将解决好"三农问题"作为全党工作的重中之重，因此推动农村社会保障事业多层次高质量发展有着鲜明的时代紧迫性特征。一方面，国内对农村多层次社会保障体系的研究与政策重点也是聚焦于养老保险，其他保障项目的多层次化较少受到关注。我国须加快建成多层次农村社会养老保险体系，以充分调动市场与社会力量，并满足农村老年人多层次的保障需求。多层次养老保险体系构架须借助政府、市场、社会、家庭与个人等多方力量，这一工作的关键是尽快明晰主体各方的权责关系与责任边界，强化互助共济功能。另一方面，城乡人口流动加剧了农村老龄化程度，也导致农村老年人养老的诸种困境，满足多层次的需求成为当务之急。面对农村"空巢化"，从老年人自身的主观需求来看，这一多层次体现出对经济的一定程度上的需求，以及对情感关怀的普遍需求。而造成老年人养老方面关怀缺失的主要原因在于，老年人在经济上较为自足，子女在主观上对其养老问题关注较少，并且老年人的子女承担了相对较重的工作和抚育子女的责任，常常无暇顾及老年人的生活状态。我们在保障老年人物质生活的前提下，要积极探索如互助养老等新的养老模式，积极引导老年人互帮互助，增进老年人的心理福利，提供日常情感关怀。在通过公共产品提供多样化途径促进农村养老服务和医疗服务水平提高的同时，要加强农村社会保障制度的人文关怀，在政府引导下营造真正以人为本的制度发展环境。

---

① 郑功成. 多层次社会保障体系建设：现状评估与政策思路 [J]. 社会保障评论, 2019, 3 (1): 3-29.

二、补丁二：促进社会保障事业城乡均衡发展

实现城乡社会保障资源的均衡配置是推进城乡一体化发展和乡村振兴战略的关键因素。继续推进社会保障制度的城乡均衡发展、巩固农村社会保障制度的发展成果，同样是我们接下来发展农村社会保障事业的重要方向[①]。2003年以前，我国社会保障制度建设以城镇地区为重点，农村社会保障事业发展相对缓慢。党的十六大之后，随着社会保障制度建设理念的转变，国家将加快农村社会保障制度建设，并将其作为贯彻以人为本的科学发展观的重要内容着力推进。经过多年努力，农村社会保障事业快速发展，各项制度不断建立和完善，覆盖城乡的社会保障体系框架基本形成。党的十八大以来，社会保障制度改革取得突破性进展，建立了统一的城乡居民基本养老保险制度，打通了职工和居民两大基本养老保险制度的衔接通道，整合了城乡居民基本医疗保险制度，维护了城乡居民公平享有基本医疗保障的权益。虽然我国农村社会保障制度多年来发展迅猛，但是与城镇社会保障制度相比，在制度安排、政府投入、保障项目、保障水平等方面依然存在很大差距。现阶段，我国社会保障制度已经发展成为影响和促进社会与经济发展的独立体系，但是城乡的不协调问题带来了社会保障体系结构失衡、功能扭曲的不良后果[②]。因此，现行中国社会保障制度迫切需要进一步坚持统筹城乡改革，与此同时，城乡均衡发展应当是社会保障事业公平性的重要体现，这更是我国社会保障事业发展的必由之路[③]。

随着工业化、城镇化的深入推进，我国城市人口比重将很快超过60%，农业占国内生产总值的份额将进一步下降，但农业的基础地位不会改变，大量农民生活在农村的国情不会改变。但农业是天然的弱质性

---

① 王立剑，代秀亮. 新中国70年中国农村社会保障制度的演进逻辑与未来展望[J]. 农业经济问题，2020（2）：65-76.

② 杨翠迎. 中国社会保障制度的城乡差异及统筹改革思路[J]. 浙江大学学报（人文社会科学版），2004（3）：13-21.

③ 郑功成. 从整合城乡制度入手建设公平普惠的全民医保[J]. 中国医疗保险，2013（2）：8-10.

产业，加之我国人多地少，农业发展质量、效益、竞争力不高，所以农民增收后劲不足，农村自我发展能力弱，城乡差距依然较大。大量农村青壮年劳动力向城镇和非农产业转移，尤其是以农民工为主体的农业流动人口规模庞大，所以我们更要加快农民工养老保险、医疗保险的全国统筹，提升该领域社会保障的短板。因为真正实现法定基本保障制度全覆盖，不仅是构建多层次社会保障体系的基本要求，更是我国社会保障事业发展的筑牢基石。在基本医疗保险实践中，可将游离在法定社会保险制度之外的人群（例如农民工等群体）全部纳入进来，这不仅是医保制度实践中实行全民参保的体现，更是确保每个人享受医保待遇的前提条件；在基本养老保险制度实践中，应尽快摸清适龄人口的就业状况和职业特性，确保全部参加基本养老保险，同时对大量农民工等群体因各种原因导致的漏保或脱保现象采取切实有效的补救措施，确保劳动适龄人口人人参保，老年人口人人享有能够保障自己基本生活的养老金。

三、补丁三：推进农业社保事业法治化发展

党的十九届四中全会提出"坚持和完善中国特色社会主义制度，推进国家治理体系和治理能力现代化"，同时指出建设中国特色社会主义法治体系、建设社会主义法治国家是坚持和发展中国特色社会主义的内在要求，更要坚持和完善统筹城乡的民生保障制度，满足人民日益增长的美好生活需要。养老问题、医疗问题等都是关乎民生的重大问题，社会保障作为社会稳定和国家发展的"稳定器"和"安全阀"，关乎各个群体和阶层的切身利益，其对应的社会保障法律制度必然成为社会各界关注的焦点。社会保障法治化建设是我国推进依法治国的现实要求和深化社会保障改革的必然要求，因为社会保障法律法规是中国特色社会主义法律体系的重要组成部分，而法治体系为当代中国的社会保障改革发展提供了有力制度支撑。因此将社会保障纳入法治化轨道十分必要。

然而，如前文所述，我国农村社会保障事业法律制度建设滞后且规

范化水平不高。社会保障法是我国法律体系中的薄弱环节，其发展的缓慢制约了依法治国的全面推进，而法律是社会治理的利器。因此，我国农村社会保障事业在这方面的重要发展趋势首先是社会保障法律体系更加完善，完备的法律体系是开展依法治国的重要前提。社会保障法律体系应该是社会保障相关法律构成的有机整体，与此同时，不同的社会保障法律制度内部也具有协调性，通过制定多部社会保障法规，在规范特定社会保障事务的同时，对各种社会保障制度之间及其与其他社会制度之间的关系进行协调[①]。社会保障制度不仅关乎公民的基本权利，而且关乎国家认同与国家的统一性，因此这一制度必须建立在健全的法律制度轨道上，并且满足农村居民多层次社会保障需求和推进城乡社会保障事业均衡化发展的关键也在于优化和调整社会保障项目，健全社会保障法律体系，推动中国社会保障法治化建设。其次是强化顶层设计，提高社会保障立法质量。良法是善治的前提，新时期社会保障的深化改革需要社会保障法的指引和规范，社会保障法的质量值得重视。加强社会保障立法，增强其权威性，将社会保障管理体制由行政管理转向法治管理，有利于社会保障制度的实现。在全面推进依法治国和加快促进社会保障体系走向成熟的时代背景下，我们对于按照良法善治的标准来推进我国社会保险制度立法建设的要求日益提高，科学设定目标并做好顶层设计，抓紧修订现行的社会保障法律法规迫在眉睫。社会保障立法工作关乎人民尤其是广大农民的切身利益，然而部分社会公众却对立法的过程了解甚少，因此，社会保障的立法程序需要在公开透明的环境下进行，涉及社会保障立法的背景资料、备选方案、意见咨询备案等资料都应在立法过程中及时公开，让社会各界了解立法的内容。

四、补丁四：促进农业社保事业系统化发展

社会保障是民生安全网，与人民幸福安康息息相关，关系国家的长

---

① 崔凤，雷咸胜. 全面推进依法治国背景下中国社会保障法治化研究[J]. 学习与实践，2015（2）：69-75.

治久安，实现农村社会保障制度的内部整合和不同制度之间的配套衔接是实现社会保障制度城乡统筹、均衡发展的重要前提[①]。

在不同制度配套衔接的工作中，加强组织领导的重要性非比寻常。做好城乡社会保障制度衔接工作，直接关系到广大参保人员特别是农民的切身利益，事关改革发展稳定大局。首先是改革原有针对同一保障对象需要多个政策和多个部门参与的管理格局，避免政策管理和运行的碎片化，原有不同保障项目的性质和责任主体不同，可能导致利益纠葛和社会保障的公平性受损等问题。其次是以制度整合为目标，厘清各保障项目的保障对象、筹资机制和待遇标准，加强社会保险、社会救助以及社会福利之间的有效整合，在不损害既有保障利益的情况下，提高制度的统一性和公平性，加强社会保障政策实施的统一领导和社会保障服务的集中办理。面对以农民工为主体的大量农业转移人口缺少社会保障的现状，要加快农民工养老保险、医疗保险的全国统筹，使其与农村居民、城镇居民的社会保险有效、规范衔接起来。最后是及时处理好农村社会保障建设与"三农"的其他发展政策之间的关系。2017年中央农村工作会议指出："农业农村农民问题是关系国计民生的根本性问题，农业强不强、农村美不美、农民富不富，决定着亿万农民的获得感和幸福感，决定着我国全面小康社会的成色和社会主义现代化的质量。"因此，未来在乡村振兴战略和农业农村优先发展思想的带动下，国家发展政策必然会向广大农村地区倾斜，各种支持农业、扶持农民发展的政策也会越来越多，我们更加需要协调好农村社会保障制度同其他惠农政策之间的关系，以保障个体发展为目标，探索制度协调发展的新模式，打出政策的组合拳。

（执笔人：谢东东、纪元、李琦）

参考文献

[1] 郑功成. 中国社会保险法制建设：现状评估与发展思路 [J].

---

① 陆杰华. 新时代积极应对人口老龄化顶层设计的主要思路及其战略构想 [J]. 人口研究，2018，42 (1)：21-26.

探索，2020（3）.

[2] 王立剑，代秀亮. 新中国 70 年中国农村社会保障制度的演进逻辑与未来展望［J］. 农业经济问题，2020（2）.

[3] 郑功成. 多层次社会保障体系建设：现状评估与政策思路［J］. 社会保障评论，2019，3（1）.

[4] 孙晓园. 我国农村社会养老保险的法律规范研究［J］. 中国集体经济，2019（1）.

[5] 陆杰华. 新时代积极应对人口老龄化顶层设计的主要思路及其战略构想［J］. 人口研究，2018，42（1）.

[6] 郑功成. 中国社会保障改革与经济发展：回顾与展望［J］. 中国人民大学学报，2018，32（1）.

[7] 崔凤，雷咸胜. 全面推进依法治国背景下中国社会保障法治化研究［J］. 学习与实践，2015（2）.

[8] 王飞. 我国农村社会保障体系之意义、问题与进路［J］. 长江大学学报（社科版），2014，37（5）.

[9] 郑功成. 从整合城乡制度入手建设公平普惠的全民医保［J］. 中国医疗保险，2013（2）.

[10] 杨森平，李伊宁. 基于马克思"产品扣除"理论下的我国农村医疗体制改革问题研究［J］. 当代经济研究，2008（7）.

[11] 杨翠迎. 中国社会保障制度的城乡差异及统筹改革思路［J］. 浙江大学学报（人文社会科学版），2004（3）.

[12] 段庆林. 中国农村社会保障的制度变迁（1949—1999）［J］. 宁夏社会科学，2001（1）.

Modernization of Agriculture and Rural Development in China

第三章

农村文化教育：农村发展的"动力"与"燃料"

3

农村文化教育：农村发展的"动力"与"燃料"

改革开放40多年来，我国经济高速发展，城镇化进程日益加快，取得了举世瞩目的成就。但现阶段我国城乡发展不平衡不协调的矛盾依然突出，城乡融合发展是化解这一突出矛盾的关键①。城乡融合发展的重要目标是缩小城乡差距，促进城乡均衡发展。其中，提升农村文化教育水平对促进城乡融合发展至关重要。作为乡村社会发展的内生动力，提升农村文化教育水平对于增强农民的文化自觉自信、保障乡村学生发展权利、实现全面建成小康社会具有重要的意义。因此，实现城乡融合发展应当以提升农村文化教育水平为突破口，以乡村文化振兴为发力点，引领城乡融合发展。

第一节 政策沿革：从"效率"到"公平"

从教育内容上讲，农村文化教育体系是多层次、多类别、多形式的，在类别上主要分为农村义务教育和农村职业教育两大类。

改革开放以来，我国文化教育得到了较好的发展，尤其是农村文化教育的政策导向先后经历了"效率优先"和"追求公平"两个阶段。1978—2002年，我国集中相对匮乏的资源，完成了普及九年制义务教育的工作，但也产生了区域间、城乡间、校际间教育资源分配不均等的问题。2002年，党的十六大正式提出全面建设小康社会以来，党和国家将农村文化教育发展的重心从"效率优先"转移到了"追求公平"上来。2002年《教育部关于加强基础教育办学管理若干问题的通知》首次在国家正式文件中出现"义务教育均衡发展"②。2002年至今，党和国家不断制定推进农村文化教育事业均衡发展的一系列政策，卓有成效地推动了我国农村义务教育事业发展。

---

① 韩俊. 破除城乡二元结构 走城乡融合发展道路［J］. 理论视野，2018（11）：5-8.
② 朱海涛. 我国义务教育政策导向的回顾与反思［J］. 牡丹江大学学报，2019，28（11）：112-117.

一、"效率优先"政策导向阶段（1978—2001 年）

1978 年改革开放伊始，中国的教育发展政策根据当时"效率优先、兼顾公平"的原则，始终贯彻延续"重点校"政策。由于当时经济基础薄弱，中国基础教育短期内无法实现普及，为解决急需人才的问题，我国提出"效率优先"教育政策，并出台《关于办好一批重点中小学试行方案》。因 1993 年税费改革而导致中国农村义务教育经费承担主体不同，故本章将 1978—2001 年的"效率优先"政策导向阶段细分为两个子阶段。

1978—1993 年，中国农村义务教育形成了"地方负责，分级管理，以民为主"的格局。按"谁办学谁掏钱"的原则，乡镇一级的政府设置农村义务教育学校。其中，县级以上政府只承担补助贫困地区和少数民族地区义务教育经费的责任，乡镇一级的政府承担大部分教育经费，并承担农村义务教育的主要责任。改革开放初期，在中央财政收入比重较低而地方财政相对丰裕的财政格局下，这种"三级办学，两级管理""以乡镇为主"的农村义务教育管理体制，对于促使地方政府加大教育投入、推动义务教育发展起到了一定的积极作用。

1994—2001 年，随着农村税费改革的推行，农村义务教育规模不断扩大，但乡镇财力逐渐萎缩，因此农村教育总投入出现较大幅度的缩减。这对农村义务教育投入体制产生了较大的冲击。农民教育负担不断加重，有些地区乡镇财政难以支撑，严重影响了农村义务教育的发展。税费改革后，教育费附加和教育集资（原来作为教育经费两个重要来源的渠道）被取消，农村中小学的发展面临严峻挑战，学校数量明显减少。其中，县乡村的小学数量从 667 478 所减少到 521 468 所，中学数量由 61 031 所减少到 59 718 所。

1978—2001 年农村义务教育相关政策演变见表 3-1。

表3-1　1978—2001年农村义务教育相关政策演变

时间	文件名称	主要内容
1980.12.3	关于普及小学教育若干问题的决定	提出要在八十年代基本普及小学教育。
1983.5.6	关于加强和改革农村学校教育若干问题的通知	进一步提出了在农村经济迅速发展的新形势下，普及初等教育的任务和应当采取的方针、措施。
1985.5.27	关于教育体制改革的决定	提出基础教育实行由"地方负责，分级管理"的财政体制。
1986.4.12	中华人民共和国义务教育法	以法律形式规定"义务教育事业，在国务院领导下，实行地方负责，分级管理"。同时提出了"谁办学谁掏钱"的原则，但当时并未对各级政府职责做出明确的规定。
1986.9.11	关于实施《义务教育法》若干问题的意见	规定农村中小学建设投资，以乡、村自筹为主。地方人民政府对经济有困难的地方酌情予以补助。
1992.3.14	中华人民共和国义务教育法实施细则	进一步把以地方为主负担教育经费的特征加以明确。
1993.2.13	中国教育改革和发展纲要	明确要继续完善分级办学、分级管理的体制。
1994.7.3	关于《中国教育改革和发展纲要》的实施意见	明确了各级政府筹措义务教育经费的责任，市县及以下基层政府在义务教育中负有主要责任，而中央和省级政府只负有非常有限的辅助性责任。提出了义务教育的具体奋斗目标：到2000年全国实现"双基"达标，在全国覆盖85%人口的地区基本普及九年制义务教育和基本扫除青壮年文盲。
1994.9.1	关于在九十年代基本普及九年义务教育和基本扫除青壮年文盲的实施意见	为实现"两基"目标，强调要加大农村初中的改革力度，重申在农村实行县、乡、村三级办学，县、乡两级管理，以县为主的管理体制。

续表

时间	文件名称	主要内容
1995.8.18	关于实施《中华人民共和国教育法》若干问题的意见	各地应当针对当前农村教育费附加征收、管理、使用中存在的问题，根据《中华人民共和国教育法》和国务院的有关规定，进一步完善农村教育费附加的征管办法，加强管理，切实做到足额征收，并保证主要用于义务教育，不得挪作他用。

党的十一届三中全会以来，农村实行了家庭联产承包责任制，赋予了农民经营自主权，充分调动了农民的生产积极性，解放了农业生产力。这使得一部分农民有机会进城务工，但农民的受教育水平限制着他们进城务工后在职业上的选择。同时，农村经济的进一步发展，迫切要求农民的科学技术水平进一步提高。尤其是经过特殊历史时期，彼时的新一代青壮年农民绝大多数没有接受过职业教育，不能满足经济发展的需要，又缺少一支能起示范带头作用的农民技术骨干队伍，在少数农业科技人员和亿万农民之间出现了断层。因此，1978—2001年，党中央和国务院制定了一系列农村职业教育政策，以适应农村经济发展（见表3-2）。

表3-2　1978—2001年农村职业教育相关政策演变

时间	文件名称	主要内容
1979.9.28	关于加快农业发展若干问题的决定	实现农业现代化迫切要求用现代科学知识来武装我们的农村工作干部和农业技术人员，需要有一支庞大的农业科学技术队伍，需要有数量充足、质量合格的农业院校来培养农业科技人才和经营管理人才。
1980.12.10	全国农民教育座谈会纪要	一类是办季节性学习班、组，主要普及农业技术知识。入学对象可以不受文化程度的局限，广泛吸收。另一类是常年性的业余学校，进行比较系统的专业技术教育。在入学对象上，重点吸收知识青年和具有一定文化程度的基层干部和农民技术员。

续表

时间	文件名称	主要内容
1982.1.1	全国农村工作会议纪要	县级以及县级以下农村的中学要设置农业课程，有的可以改为农业专科学校。继续抓好各级农业领导干部和管理干部，以及职工的专业培训，组织师资进修，训练各类专业技术干部。高等农业院校和中等农业学校都要拿出必要的力量承担培训任务。
1983.5.6	关于加强和改革农村学校教育若干问题的通知	各地要根据本地区的实际需要与可能，统筹规划，有步骤地增加一批农业高中和其他职业学校。不仅要在普通中学增设职业技术相关的课程，开办职业技术培训班，把一些普通中学学校类型改办为农业中学或其他职业学校类型，还要根据现实的可能性，进一步创办一定数量的新型的有特色的各类职业学校。
1985.11.27	十二省市农民职业技术教育座谈会纪要	一是学校要面向乡镇各个行业对各类人才的需求，不仅培养农业技术方面的人才，还要培养加工、运输、建筑、服务业以及政法、财经、文艺等各类技术人才和管理人才。二是乡镇必须依托包括教育、农牧副渔、财经、企业管理、文化等部门办学。三是办学要与广大的农村、农户学科学、用科学相联系，与社会主义精神文明建设相联系，做到一个基地多种功能，既是人才培训中心，又是技术推广中心和文化活动中心。
1987.12.30	乡（镇）农民文化技术学校暂行规定	根据当地经济和社会发展的需要，对青壮年农民，特别是对在乡知识青年广泛开展实用技术、经营管理知识的培训，有计划地进行初级技术教育，有条件的地方可以进行中级技术教育；对农村基层干部、技术人员、乡（镇）企业职工进行岗位培训；对需要接受初等、中等文化教育的农村青壮年进行必要的基础教育补课；同时，还应对农民进行时事政策教育、法制教育、人口教育，开展丰富多彩的社会文化、体育和生活教育，并对企业和专业户办学起中心示范作用。

二、"追求公平"政策导向阶段（2002— ）

2002年《教育部关于加强基础教育办学管理若干问题的通知》，首次提到"义务教育均衡发展"；同年，教育部在《关于印发〈基础教育工作分类推进与评估指导意见〉的通知》中指出，"教育经费、办学条件、师资队伍等方面提出达到区域内基本均衡发展的要求"。义务教育"均衡发展"的初步思路初步形成，但"均衡"仅仅局限在有条件的区域实现区域局部均衡。推进义务教育均衡发展的提出，反映出国家政策导向已由注重"效率"转向关注"公平"。

中共中央、国务院于2019年5月印发《关于建立健全城乡融合发展体制机制和政策体系的意见》，强调"建立城乡教育资源均衡配置机制。优先发展农村教育事业，建立以城带乡、整体推进、城乡一体、均衡发展的义务教育发展机制。鼓励省级政府建立统筹规划、统一选拔的乡村教师补充机制，为乡村学校输送优秀高校毕业生。推动教师资源向乡村倾斜，通过稳步提高待遇等措施增强乡村教师岗位吸引力。实行义务教育学校教师'县管校聘'，推行县域内校长教师交流轮岗和城乡教育联合体模式。完善教育信息化发展机制，推动优质教育资源城乡共享。多渠道增加乡村普惠性学前教育资源，推行城乡义务教育学校标准化建设，加强寄宿制学校建设"。

2002年至今的农村文化教育发展通过农村义务教育"两免一补"计划、加强和规范农村义务教育学生营养改善计划、设立农村义务教育阶段学校教师特设岗位计划，全面改善贫困地区义务教育薄弱学校基本办学条件，加大对乡村小规模学校和乡镇寄宿制两类学校建设等问题的政策倾斜力度，已经取得了较好的成效。

2002—2020年农村义务教育相关政策变化情况见表3-3。

表 3-3 2002—2020 年农村义务教育相关政策变化情况

时间	文件名称	主要内容
2003.9.17	关于进一步加强农村教育工作的决定	目前，我国农村家庭经济困难的适龄少年儿童接受义务教育迫切需要得到关心和资助。要在已有助学办法的基础上，建立和健全扶持农村家庭经济困难学生接受义务教育的助学制度。到 2007 年，争取全国农村义务教育阶段家庭经济困难学生都能享受到"两免一补"（免杂费、免书本费、补助寄宿生生活费）政策，努力做到不让学生因家庭经济困难而失学。
2006.5.15	关于实施农村义务教育阶段学校教师特设岗位计划的通知	通过公开招募高校毕业生到西部"两基"攻坚县县以下农村义务教育阶段学校任教，引导和鼓励高校毕业生从事农村教育工作，逐步解决农村师资总量不足和结构不合理等问题，提高农村教师队伍的整体素质。各有关部门要明确职责，密切配合，共同努力。省级教育行政部门要结合本地实际，将特设岗位落实到受援学校，并认真做好教师招聘、岗前培训、跟踪服务和评估等各项工作。省级财政部门要负责统筹协调特设岗位的经费保障，落实资金，规范管理。
2013.12.31	关于全面改善贫困地区义务教育薄弱学校基本办学条件的意见	通过完善农村义务教育经费保障机制、适当调整薄弱学校改造计划、继续实施初中改造工程等措施，加大项目统筹与经费投入力度，在 3~5 年内，聚焦贫困地区义务教育薄弱学校，全面改善基本办学条件，深入推进义务教育学校标准化建设，整体提升义务教育发展水平。
2015.11.25	关于进一步完善城乡义务教育经费保障机制的通知	统一城乡义务教育"两免一补"政策。对城乡义务教育学生免除学杂费、免费提供教科书，对家庭经济困难寄宿生补助生活费。民办学校学生免除学杂费标准按照中央确定的生均公用经费基准定额执行。免费教科书资金，国家规定课程由中央全额承担。家庭经济困难寄宿生补助生活费由中央和地方按照 5:5 比例分担。

续表

时间	文件名称	主要内容
2017.6.29	关于进一步加强全面改善贫困地区义务教育薄弱学校基本办学条件中期有关工作的通知	各地可结合近年来城镇化进程、生育政策调整,以及统筹推进县域内城乡义务教育一体化改革要求,进一步调整完善全面改薄5年工程规划。规划调整既要符合原有政策要求,又要解决目前农村和贫困地区面临的突出难点问题,顺应未来办学发展方向,切实加强确需保留的农村小规模学校和寄宿制学校建设,着力改善学生住宿条件,妥善解决县镇学校大班额问题,加快缩小城乡、区域教育差距,促进基本公共教育服务均等化。
2019.8.5	关于解决建档立卡贫困家庭适龄子女义务教育有保障突出问题的工作方案	加强资助保障,全面落实义务教育"两免一补"政策,并做好贫困地区农村义务教育学生营养改善计划实施工作。要层层压实责任,明确各级教育行政部门职责使命,上下共同努力合力推进。

为提高农村人口的素质,培训新型职业农民,助力乡村振兴,党中央和国务院大力推进农村职业教育改革,实行了包括"燎原计划"、绿色证书工程、农村劳动力转移培训阳光工程等多项农村职业教育政策(见表3-4)。

表3-4 2002—2020年农村职业教育相关政策变化情况

时间	文件名称	主要内容
2004.3.20	关于组织实施农村劳动力转移培训阳光工程的通知	按照"实际、实用、实效"的原则,对农村进城务工人员进行多方面的教育,努力提高他们的思想道德和文化科技水平。
2004.12.31	关于进一步加强农村工作提高农业综合生产能力若干政策的意见	全面开展农民职业技能培训工作。扩大"农村劳动力转移培训阳光工程"实施规模。广泛调动社会各方面力量参与农民职业技能培训的积极性。
2006.3.14	中华人民共和国国民经济和社会发展第十一个五年规划纲要	培养新型农民,并将新型农民的内涵界定为"有文化、懂技术、会经营"。

续表

时间	文件名称	主要内容
2007.12.31	关于切实加强农业基础建设进一步促进农业发展农民增收的若干意见	加快构建县域农村职业教育和培训网络，发展城乡一体化的中等职业教育。落实中等职业教育助学金政策。
2008.12.31	关于2009年促进农业稳定发展农民持续增收的若干意见	加快发展农村中等职业教育，2009年起对中等职业学校农村家庭经济困难学生和涉农专业学生实行免费。
2011.12.31	关于加快推进农业科技创新 持续增强农产品供给保障能力的若干意见	大力培育新型职业农民，对未升学的农村高初中毕业生免费提供农业技能培训。
2014.1.19	关于全面深化农村改革 加快推进农业现代化的若干意见	落实中等职业教育国家助学政策，紧密结合市场需求，加强农村职业教育和技能培训。
2016.12.16	教育脱贫攻坚"十三五"计划	在人口集中和产业发展需要的贫困地区建好一批中等职业学校，实施中等职业教育协作计划和技能脱贫千校行动。
2017.1.9	"十三五"全国新型职业农民培育发展规划	要创新新型职业农民培育机制，并健全完善"一主多元"的培训体系。
2018.1.8	关于实施乡村振兴战略的意见	立足于乡村振兴战略，进一步提出要大力培育新型职业农民，实施新型职业农民培育工程。
2019.1.3	关于坚持农业农村优先发展 做好"三农"工作的若干意见	加强贫困地区职业教育和技能培训，实施新兴职业农民培育工程。大力发展面向乡村的职业教育。
2020.1.2	关于抓好"三农"领域重点工作确保如期实现全面小康的意见	扩大职业教育学校在农村招生规模，提高职业教育质量。

第二节 有的放矢：从"亮度"到"热度"

城镇化背景下，经济社会快速发展，乡村原有的社会结构、生存方式及生活观念等方面发生了巨大的变化①，相比城市，乡村地区长期处于较为落后的状态，农民、乡村青少年对乡村生活的记忆逐渐模糊，对乡村文化的认同感日渐弱化。而乡村教育具有特殊的文化责任，乡村教育不仅有公共性，而且具有比城市教育更加丰富的文化内涵，承担着传承乡村优秀传统文化的重要职能。事实上，乡村教育在一定程度上存在着"文化缺位"的现象，乡村文化教育供给不足，乡村文化建设也会受到影响。乡村振兴战略实施以来，农村教育与文化建设等问题得到了一定的改善，但仍然面临诸多问题，主要体现在以下几个方面：

一、难点一：乡村教育城市化不利于传承乡村文化

自2001年实施"撤点并校"政策以来，我国乡村学校和教学点的数量迅速下降②。然而，布局调整后的乡村教育却出现了新的问题，其中最突出的是大规模的寄宿学生长期离家外出求学，失去对乡村文化进行认知和传承的机会。尤其是低龄学生寄宿，引发了乡村社会瓦解、乡村文化传承断裂、儿童青少年社会化与社会环境的隔离以及自身本土化知识缺失、乡土情感淡漠和人格发展趋同等一系列问题。因此，农村学校布局调整是造成乡村在校学生缺乏乡村文化认同感的关键因素。事实证明，以效率为目标的"农村学校布局调整"并未实现最初的改革预期，反而引发了乡村文化教育缺失的问题，从而制约了城乡教育一体化的健康发展。

对于乡村而言，城乡教育一体化是指在保持城乡教育各自优秀传统的基础上促进乡村教育的发展，拓宽乡村教育的"乡村视野"，重新激活乡村文化价值，并在学习城市主流文化的同时，传承和发扬乡村文化，彰显乡村社会的文化活力，从而加强乡村教育的文化底蕴。但是，

---

① 杜育红，杨小敏. 乡村振兴：作为战略支撑的乡村教育及其发展路径［J］. 华南师范大学学报（社会科学版），2018（2）：76-81.
② 蔡志良，孔令新. 撤点并校运动背景下乡村教育的困境与出路［J］. 清华大学教育研究，2014，35（2）：114-119.

当前的乡村教育对于文化的选择只有输入而缺乏输出，忽视了自身发展的优势，在城市文化的价值引领下与自身的文化渐行渐远，这使得乡村文化在城乡教育一体化发展的进程中日趋衰落。

二、难点二：乡村教育丧失了文化功能

乡村教育日渐丧失文化功能，主要体现在以下两个方面：一是教育目标离农化。近年来，为了提升教学质量，农村学校普遍效仿城市教育的标准教学模式，以培养现代社会生活所需的知识与技能的"城市人"为目标，教育乡村学生从农村走向现代城市社会，这无疑加速了乡村精英人才的流失。二是教育内容的城市化。乡村教育以城市文化为本位，城市主流文化以压倒性的优势将乡村文化排除在课程和教材之外，例如人教版初中语文教科书中能反映乡村文化的课文所占比例仅为4.1%[1]。以乡村文化为主题的实践活动也近乎空白，导致乡村学校在校生对乡村文化认识的抽象程度增加，造成在校学生对乡村文化的漠视，无法养成对乡村文化的认同感。三是教育追求的功利化。受应试教育的影响，乡村学校不可避免地追求升学率这一硬性指标，因此金榜题名成为学生和学校唯一的目标，乡村文化在乡村教育中的地位和价值逐渐被忽视，乡村文化教育日渐被边缘化。

三、难点三：乡村教师和学生疏离乡村文化

乡村校园中最重要的两类主体无疑是教师和学生，而乡村教师和乡村学生都存在着疏离乡村文化的现象，这就使得乡村文化无法在乡村学校传承[2]。

在乡村教师方面，其疏离乡村文化主要体现在以下四个方面：首先，随着教育现代化改革逐渐推进，乡村教师的身份发生了较大转换，

---

[1] 冯翠云. 学校布局调整背景下乡村文化传承的困境分析[J]. 清华大学教育研究，2012，33（2）：96-99，124.

[2] 于影丽，毛菊. 乡村教育与乡村文化研究：回顾与反思[J]. 教育理论与实践，2011，31（22）：12-15.

与乡村社区和村落逐渐疏离开来,失去了与乡村文化的内在联系,成为身处乡村社会但不懂乡村文化的人。其次,随着城镇化、信息化、现代化进程的逐步加快,城市文化日渐进入乡村社会,传统乡村文化价值遭到漠视,乡村文化丧失。有学者指出,城镇化进程加快使得乡村教师更加职业化与专业化,这无疑影响了乡村教师对乡村文化的传承和发展。再次,乡村学校的"撤点并校"从时空层面加剧了教师与乡村社会的疏离,导致他们对乡村的依附性降低,进而使得其放弃了传承乡村文化的使命,这必将对乡村文化教育造成一定的负面影响。最后,新生代教师缺乏对乡村文化的理性认识。新生代教师少有乡村生活经验,对于乡村文化不甚了解,无法为乡村学校在校生传承乡村文化。

在乡村学生方面,由于"撤点并校"等原因,学生必须离村进城上学,告别故土进入寄宿制学校读书,远离了乡村文化气息浓厚的社区。这必然导致其缺乏对乡村文化的理解和传承,影响其乡村文化认同感的培养,不利于乡村文化的发展。

四、难点四:城乡文化、教育之间存在着沟通壁垒

乡村文化与城市文化的沟通和融合存在壁垒,主要体现在教育和文化两个方面。从教育的角度来看,改革开放以来,大批农村劳动力流向城市,为城市的建设注入了源源不断的"新鲜血液",促进了城市经济的快速发展,但同时也造成城乡差距逐渐拉大,教育资源逐渐向城市倾斜,形成了教育上的城乡二元结构。另外,大批农村劳动力外流造成了农村地区人口空心化,使得乡村教育需求减少,城乡教育差距进一步拉大。从文化的角度来看,乡村文化与城市文化相比,往往处于被动的地位,城市文化深刻影响着乡村社会,并以其高度的聚合力吞噬着乡村文化[1]。乡村教育也不可避免地受到城市文化的冲击,逐

---

① 周军. 中国现代化进程中乡村文化的变迁及其建构问题研究 [D]. 长春:吉林大学,2010.

渐失去其特有的乡村文化底蕴。究其本质，城乡间的文化交流是一种文化的单向输入，而非异质文化间的交融。另外，乡村教育在城乡教育一体化的进程中逐渐放弃乡村文化自觉，乡村学校作为沟通城乡文化的纽带逐渐丧失其文化传承与交流的功能，进而使得乡村文化与城市文化之间的交流融合机制无从建立，加剧了城乡文化之间的不平衡。因此，在城乡教育一体化建设进程中必须树立城乡文化生态平衡的发展理念，乡村教育不仅要吸收先进城市文化，还要自觉承担起传承乡村文化的重任；城市教育也要树立接纳与吸收乡村文化的观念，以期实现城乡文化在个人与社会发展中的深度融合，从而达到文化间"各美其美，美人之美，美美与共"的城乡一体化发展格局。

五、难点五：新型职业农民发展动力与政策支持不足

党的十九大报告提出："实施乡村振兴战略。农业农村农民问题是关系国计民生的根本性问题，必须始终把解决好'三农'问题作为全党工作重中之重。""培养造就一支懂农业、爱农村、爱农民的'三农'队伍。"要想实现乡村振兴，建设社会主义新农村，就必须培育大量新型职业农民，使新型职业农民成为乡村振兴的主力军。反观我国新型职业农民的培育状况，仍存在着以下三个方面的问题：一是劳动力素质偏低。现代农业发展并不是传统的农耕作业，而是体现一定技术含量的现代化农业经营模式。这就对农民提出了更高的要求，需要农业从业者具备一定的文化水平、农业生产技能、生产经营能力以及现代管理经验。《2019年农民工监测调查报告》显示，虽然近年来我国农民工的文化程度逐渐提高，但大专及以上学历的农民工占比仍较低，仅占11.1%，难以为培育新型职业农民提供高素质人才支撑。二是我国小农户的劳动生产率较低。我国小农户的劳动生产率是世界平均水平的64%，仅为欧美等发达国家的2%，经营规模小而分散，难以形成规模优势。三是培训内容和培训手段单一过时。一方面，培训内容缺乏针对性。我国农业技术的不断成熟，满足了新型职业农民对于农业技术的需求，随着新型职业农民经营主体带头人的不断发展，他们对于新的技术、科技、市场经

营理念以及互联网都有了更高要求，但针对新型农业经营主体的农业技术培训较少，难以适应一二三产业融合发展的要求。另一方面，培育模式缺乏多样性。目前，针对新型职业农民的培训一般是以讲授理论、田间教学及基地参观等传统培训模式为主，但线上网络培训与线下实践教学往往比较少，难以把知识真正应用到实践中。

六、难点六：乡村文化建设缺乏物质基础和基层政府重视

习近平总书记指出，农村是我国传统文明的发源地，乡土文化的根不能断。农村不能成为荒芜的农村、留守的农村、记忆中的故园。搞新农村建设要注意生态环境保护，注意乡土味道，体现农村特点，保留乡村风貌，坚持传承文化，发展有历史记忆、地域特色、民族特点的美丽城镇。但是乡村文化建设离不开经济支持。乡村经济既是乡村社会发展的物质基础，也是乡村文化建设的物质保障，发达的乡村经济能为乡村基础文化设施提供有力的经济支撑，提高村民的文化消费水平。但根据 2018 年的相关数据，城镇居民人均可支配收入 39 251 元，农村居民人均可支配收入 14 617 元，城乡居民之间收入比为 2.69∶1。城乡经济发展的二元结构导致了文化的二元结构，大多数的文化资源、文化人才和文化服务都集中于城市，政府对于城市文化建设的投资也远高于乡村，乡村文化发展条件和机遇难以和城市相比。

与此同时，地方政府长期关注 GDP 指标，忽略了乡村文化建设。部分乡村基层政府还存在着把文化基础设施的修建视为"面子工程"的问题，重建设、轻使用，图书室、活动室被挪作他用甚至废弃。总体来说，乡村基础文化设施文化功能发挥有限，与乡村文化建设的基本要求和目标相去甚远，也与村民日益增长的文化需求相悖。

第三节　添柴加薪：从"量变"到"质变"

中共中央、国务院印发的《乡村振兴战略规划（2018—2022 年）》

指出，传承中华优秀传统文化必须立足于乡村文明，不断积极吸取城市文明及外来文化优秀成果，在传承中不断创新和丰富乡村文化的时代内涵和表现形式，为增强文化自信提供优质载体，对全面建成小康社会及全面建设社会主义现代化强国具有重大的历史意义。乡村文化教育对于传承中华优秀传统文化、坚持文化自信至关重要。发展乡村文化教育、传承优秀乡村文化，必须在立足现实农村教育实践和发展特点的基础上，明确乡村文化教育和文化传承的有效路径。乡村振兴战略提出要坚持把解决好"三农"问题作为全党工作重中之重，按照产业兴旺、生态宜居、乡风文明、治理有效、生活富裕的总要求，统筹推进各项建设。乡村振兴，文化先行。乡村文化振兴理应是乡村振兴的题中之义和发展之基[1]。因此，在城乡融合发展与城乡教育一体化的背景下，乡村文化教育要在传承乡村优秀文化的基础上，积极接纳与汲取城市先进教育文化，以期达到弘扬与创新乡村文化的目的，是新时代乡村教育所肩负的重要使命。

一、趋势一：校园特色乡村文化建设逐步加强

乡村文化具有地域性，每个地域都有各具特色的优秀乡村文化。乡村学校作为乡村优秀传统文化的重要传播场所，并不仅仅是教书育人、传播科学文化知识的"殿堂"，更是向乡村在校青少年传承优秀乡村文化的重要"阵地"。乡村文化是乡村学校的灵魂和精髓，传统乡村文化进乡村校园，不仅可以拓展校园文化自身的建设，还可以为优秀传统文化创造更好的环境，促进乡村文化的传承[2]。当前城乡融合发展的进程中，乡村文化的"边缘化"倾向对乡村学校文化建设要求越发凸显。因此，加强乡村学校文化建设，必须树立城乡教育一体化观念，既要弘扬优秀乡村文化，又要顺应时代教育潮流，积极借鉴与吸收优秀城市文

---

[1] 张学昌. 城乡融合视域下的乡村文化振兴 [J]. 西北农林科技大学学报（社会科学版），2020，20（4）：56-64.

[2] 郝锦花，王先明. 从新学教育看近代乡村文化的衰落 [J]. 社会科学战线，2006（2）：128-133.

化。乡村振兴战略实施以来，我国对乡村文化的重视力度逐步增强，并通过文化振兴促进乡村文化的繁荣与发展。相应地，乡村学校的特色文化建设也逐步加强。在传承和发展优秀传统文化的进程中，一大批乡村学校纷纷结合本校实际进行乡土文化教育认同的实践探索，涌现出很多可资借鉴的典型案例。

以天津杨柳青年画为例。杨柳青年画是天津市最具特色的乡村文化之一。位于杨柳青古镇的天津市西青区实验小学积极开展以杨柳青年画为主题的乡村文化教育传承工作，开发年画课程资源，重视年画教师培养，有效实施年画教学，开展多彩年画课外活动，利用节日庆典等传承年画，营造年画育人环境，取得了较好的成效。该校结合传统民乐创编了独具特色的年画舞蹈——《欢天喜地杨柳娃》，受到教育部的表彰；该校编写的《杨柳青年画英语解说词》向海外友人传播了杨柳青年画的独特魅力；该校各班级还创作出各具特色的标志性年画、班徽和连环画等，激发了学生的文化自信；该校先后接待美国、日本等国家的参访团参观，向外界传播了杨柳青年画的独特魅力。

二、趋势二：农村文化精髓逐步融入课堂

学校教育对文化的选择主要体现在课程上。学校课程是文化选择的结果，更是文化传播的主要载体，因此乡村学校必然要在课程上体现乡村文化的内涵，发挥乡村文化教育的职能。文化振兴作为乡村振兴的题中应有之义，其重要性不言而喻。近年来，农村学校课程在吸收借鉴先进的城市教育文化的基础上，体现出了各具特色的地域文化，呈现出多元、多特质的特征，在挖掘本土文化价值与特色的基础上加强校本课程的研发，将乡村特色文化与学校课程教学有机结合。农村文化教育课程的研发是根据乡村学校所处的地域发展及其个体在"注定的特殊环境"中生存与发展的需求而建构的，是对本土文化的高度凝练和乡村学校文化的真实写照，是一项铸魂和底色工程，体现了乡村教育的发展价值，彰显了乡村文化教育的内涵。在具体操作过程中，不少乡村学校应充分利用国家的三级课程管理体制政策，以现实生活为中心，挖掘当地特色

的乡村文化教育资源，并将优秀的乡土文化融入学校基本课程，积极搭建乡土课程文化传播平台，使本土文化以校本课程为载体，实现乡村文化传播效能的最大化。

以滦州皮影戏为例。滦州皮影戏是北方皮影戏的代表之一，也是当地独具特色的乡村文化。河北省滦县龙山初级学校结合滦州皮影戏，密切联系生活实践，积极开发皮影校本课程，并将其增加到一年级到七年级的艺术课中。近年来，该校还将多种乡村文化艺术融入学生课程中，将《沉香救母》、《三打白骨精》及《小羊过桥》等儿童皮影作品列为音乐课的主要教学内容，取得了较好的效果。由该校师生共同表演的《小羊过桥》和《狐狸和乌鸦》等节目多次出现在当地文娱活动中，并被唐山电视台选为专题节目播放；学校举办的皮影戏大赛得到了我国皮影戏非物质文化遗产保护专家、滦州皮影戏表演艺术家等各界人士的广泛赞扬与充分肯定。

三、趋势三：文化自觉与实践立场不断提升

乡村文化既需要由广大农民来创造和发展，又需要新一代人来传承。乡村文化以课程为载体，以乡村课堂为主阵地进行传播。须借助乡村教师的文化自觉对其进行转换，并进行价值上的引导，学生方可理解乡村文化的内涵，发挥传承乡村文化的作用。在乡村文化教育中，乡村教师的文化使命就在于启蒙学生的乡村文化主体意识，提升学生传承、创新乡村文化的主体能力，促进学生在文化素养、个性修养、意志品质等方面的社会化。

过去，在城镇化中乡村教师的角色逐渐职业化、专业化，失去了与乡土文化的内在联系，乡村文化的传承出现了代际间的断裂。乡村振兴战略实施以来，乡村学校逐步重视乡村教育的文化内涵，注重对乡村教师乡村文化感知的培养，对乡村教师乡村文化自觉的精神感召越发突显。只有乡村教师自觉形成对乡村文化的理解、认可和依恋，才能唤起对乡村文化传承的信心与动力，才能实现文化的代际传递。此外，乡村教师的文化实践能力不断增强，文化基础不断拓展，农村文化知识储备

不断丰富，文化传承能力也不断提高，显现出传承农村文化的重要作用。

四、趋势四：农村文化教育宣传力度逐步加大

此前，国内媒介对开展乡村文化教育重要性、必要性的宣传较少，更没有对乡村文化教育开展的实际情况予以必要的关注。乡村振兴战略规划实施以来，各级各部门科学有序推动乡村产业、人才、文化、生态和组织振兴，对乡村文化教育事业给予了足够的重视。通过教育的方式传承了乡村优秀传统文化，满足了农民精神文化生活基本需求。多个部门还在乡村学校中营造了文化教育的氛围，并加大了对乡村教育的报道和宣传力度，以多种形式呼吁全社会加大对乡村教育的重视、参与和投入力度，提高人们传承乡村文化的责任感和使命感，为乡村文化教育的广泛实施创造有利的条件。

五、趋势五：新型职业农民发展体系日趋完善

近年来，国家深入开展以高素质农民为主体的农民教育培训。国家农民教育培训专项工程几乎覆盖所有农业县，2018年总投入资金20亿元，带动省级财政投入资金6.25亿元，重点开展农业经理人、新型农业经营主体带头人、现代创业创新青年和农业产业精准扶贫培训，共培养高素质农民约90万人。另外，全国各地开展多层次多形式的农业农村实用技术培训，2018年累计投入4.63亿元，培训人次达938万。

各级各部门的大力支持保障了新型职业农民持续向好发展，主要体现在以下三个方面：一是高素质农民队伍质量结构不断优化。从受教育程度看，2018年高素质农民队伍中高中及以上文化程度的占31.1%，比第三次全国农业普查农业生产经营人员高出22.8%。从年龄结构看，35岁及以下的占16.8%，35～54岁的占72.11%。受教育程度相对较高、相对年轻，是高素质农民队伍的典型特征。二是高素质农民生产经营状况保持良好。2018年高素质农民的农业经营纯收入达到每年3.13万元，相当于同期城镇居民人均可支配收入3.93万元的80%，是农村居民人均可支配收入1.46万元的2.14倍。三是高素质农民作用有效发

挥。2018年，84.37%的高素质农民对周边农户起到了辐射带动作用。他们主要是给周边农户提供农业技术指导，统一购买农资和销售农产品或者提供农业信息及就业服务等，在促进小农户与现代农业有机衔接、带动广大农民共同进步中发挥了积极作用。

六、趋势六：各级政府对乡村文化建设更加重视

中共中央、国务院于2019年5月印发《关于建立健全城乡融合发展体制机制和政策体系的意见》，强调"健全城乡公共文化服务体系。统筹城乡公共文化设施布局、服务提供、队伍建设，推动文化资源重点向乡村倾斜，提高服务的覆盖面和适用性。推行公共文化服务参与式管理模式，建立城乡居民评价与反馈机制，引导居民参与公共文化服务项目规划、建设、管理和监督，推动服务项目与居民需求有效对接。支持乡村民间文化团体开展符合乡村特点的文化活动。推动公共文化服务社会化发展，鼓励社会力量参与。建立文化结对帮扶机制，推动文化工作者和志愿者等投身乡村文化建设。划定乡村建设的历史文化保护线，保护好农业遗迹、文物古迹、民族村寨、传统村落、传统建筑和灌溉工程遗产，推动非物质文化遗产活态传承。发挥风俗习惯、村规民约等优秀传统文化基因的重要作用"。

乡村文化振兴是建设文化强国的关键环节，也是乡村振兴的重要基础和保障。在城乡融合发展过程中，文化融合是一个重要的维度。要以镇为试点，大力发展面向乡村的教育事业，切实提高乡村文化教育水平，消除乡村存在的一些落后、愚昧、粗野的不文明现象，真正使城乡平等地共享经济社会发展过程中形成的宝贵财富[1]。随着乡村振兴战略的实施，中央和各级地方政府将对乡村文化建设投入更多关注。这包括：第一，进一步完善乡村文化建设机制，更加科学合理地安排各级地方政府之间关于文化建设的权责分配，避免错配、重复建设、文化基础建设投入与农村需求不相符等问题；第二，多渠道加强对乡村文化建设

---

[1] 刘合光. 城乡融合发展应以科教融合为突破口[J]. 国家治理，2020（21）：27-30.

的投入，坚持以市场为导向，积极吸引社会资金投入乡村文化建设，使其与市场接轨、与网络接轨；第三，建立健全乡村公共文化基础设施服务网络体系，秉承"共建共享"的理念，政府发挥主导作用，改善目前乡村文化基础设施存量不足、空间分配不合理和类型不匹配的问题，鼓励农民自发组织文化社团，最大限度地传承和发展乡村优秀传统文化。

（执笔人：魏广成、杨习斌）

参考文献

[1] 韩俊. 破除城乡二元结构 走城乡融合发展道路 [J]. 理论视野，2018（11）.

[2] 朱海涛. 我国义务教育政策导向的回顾与反思 [J]. 牡丹江大学学报，2019，28（11）.

[3] 张学昌. 城乡融合视域下的乡村文化振兴 [J]. 西北农林科技大学学报（社会科学版），2020，20（4）.

[4] 刘合光. 城乡融合发展应以科教融合为突破口 [J]. 国家治理，2020（21）.

[5] 杜育红，杨小敏. 乡村振兴：作为战略支撑的乡村教育及其发展路径 [J]. 华南师范大学学报（社会科学版），2018（2）.

[6] 蔡志良，孔令新. 撤点并校运动背景下乡村教育的困境与出路 [J]. 清华大学教育研究，2014，35（2）.

[7] 冯翠云. 学校布局调整背景下乡村文化传承的困境分析 [J]. 清华大学教育研究，2012，33（2）.

[8] 于影丽，毛菊. 乡村教育与乡村文化研究：回顾与反思 [J]. 教育理论与实践，2011，31（22）.

[9] 周军. 中国现代化进程中乡村文化的变迁及其建构问题研究 [D]. 长春：吉林大学，2010.

[10] 郝锦花，王先明. 从新学教育看近代乡村文化的衰落 [J]. 社会科学战线，2006（2）.

Modernization of Agriculture and Rural Development in **China**

第四章

乡村治理模式：村强民富的"脉搏"与"血液"

4 乡村治理模式：村强民富的"脉搏"与"血液"

党的十九大明确提出"实施乡村振兴战略"。乡村振兴离不开秩序，良好的秩序则源自有效的治理。新时代的乡村治理工作备受社会关注。乡村治理有效是乡村振兴战略深入实施的重要目标。现阶段，我国乡村治理任务艰巨复杂，克服背后的深层次矛盾需要充分结合当前时代背景，对新时代乡村治理问题形成清晰的认识，才能为乡村振兴战略提供重要保障，实现乡村有效治理。

第一节 政策沿革：从"理顺"到"融合"

改革开放至今，乡村治理在不同的时代背景下取得不同程度的进展，不同时代的乡村治理导向侧重于解决不同方面的问题。40多年来，中国乡村治理以建立健全乡村治理制度体系为主要方向，经历了"乡政村治"制度变革阶段、"规范治理"制度转型阶段、"三治融合"制度优化阶段。1998年《村民委员会组织法》的正式实施与"三治融合"治理体系的正式提出是重要阶段分界点。在不同的历史背景下，三个阶段虽然在目标任务、政策要求、治理绩效方面不尽相同，但是各阶段前后衔接，推动乡村治理制度体系不断走向健全。

一、"乡政村治"制度变革阶段（1978—1998年）

1978年改革开放后，随着家庭联产承包责任制的确立，人民公社体制由于不适应新形势下农村经济社会发展的要求而彻底瓦解，以家庭经营为主的农地经营方式的形成从根本上改变了过往"大锅饭"时代的乡村治理格局。改革开放伊始，乡村居民生活贫困，城乡二元结构仍然突出，而家庭联产承包责任制的推行则打破了农村要素流动的封闭状态，劳动力要素从土地中得到解放，农户得以通过自主配置要素促进农业生产发展。此时，农户流动性开始提升，农户之间面临的利益格局发生改变，乡村治理的目标、方式与主体都需要做出相应调整。为此，全国各地吸取人民公社体制在乡村治理方面的弊端，在提升治理有效性方面积极探索。结合地方实践经验成果，1982年《宪法》第九十五条规定"乡、民族乡、镇设立人民代表大会和人民政府"，同时第一百一十一条规定"农村按居民居住地区设立的居民委员会或者村民委员会是基层群众性自治组织"，这样，就改变了原有人民公社、生产大队、生产队三级体系下的治理体制，人民公社被乡镇政府所取代，原本由生产大队管理的范围也转变为行政村，由此确立了乡镇政权与村民自治并存的"乡政村治"体制。

"乡政村治"体制在乡级设立人民政府，由乡镇政府行使国家治权，而在村级依法实行村民自治，由村民选举负责管理乡村社会事务的村民委员会干部，给予村民更大的自治权。这与以家庭经营为基础、统分结合的双层经营体制相适应，能够促进农村生产关系的调整，提高农村生产力。"乡政村治"概念凸显出乡镇与村庄在治理方面的差异：乡镇层面是自上而下行政体系中的最基层权力，通过行政系统的赋权与认可管理涉农事务。村庄层面的权力是村民赋予的，经过正当的村庄选举程序产生，其权力的合法性又很大程度上受到实际治理绩效的影响。1987年通过的《村民委员会组织法（试行）》对村民委员会的职责、组织结构、产生方式等进行了规定，村民自治从此作为一项新型的群众自治制度和直接民主制度以法律的形式确立下来。1978—1998年这一阶段的乡村治理主要将治理目标的达成作为首要任务而相对忽视了制度与程序正当的重要性。人民公社权力高度集中以及政治与经济事务之间分化不足的体制被废除，但这主要意味着治理目标的转变，并不意味着治理实施过程制度化、程序化的重要性被充分意识到。在这一阶段，因为有关政策尚未成熟，而且农业税费仍未废除，加之村民自治制度尚未完善，治理目标的实现往往被当作首要问题。制度的重要性尽管未得到充分重视，但治理目标的实质性追求使乡镇政府和村庄内部治理主体的自主性得到充分发挥。

需要注意的是，这一阶段乡镇与村庄在实现治理目标主体性方面的强化尽管助力了改革开放后的政策落实与社会转型，但社会急剧转型导致时代背景发生变化，广大农民在1984年农村改革制度红利释放完毕后陷入增收乏力的困境，这应该也成为这一阶段乡村治理目标的重要聚焦点。此时，破解增收困境的农村规模劳动力转移仍然限制重重，沉重的农业税负长期未取消，在治理过程中甚至缺乏完善严格的法律制度保障农户权益。

"乡政村治"中"村治"的实施程度很大程度上取决于实施主体。农村基层党组织可以发挥重要作用。改革开放以来，中国共产党对农村基层党组织建设过程中出现的种种问题拨乱反正，以推进新时期农村基层党组织建设，提升农村基层党组织治理能力[①]。1986年2月，中共中央组织部在《关于调整和改进农村中党的基层组织设置的意见》中提出，在调整和改进农村基层党组织过程中，始终坚定以行政村为单位设置党组织不动摇，以法律形式明确规定我国农村基层党组织对农村基层党组织的设置。1994年《关于加强农村基层组织建设的通知》进一步明确了农村基层党组织建设的目标，使得农村基层党组织肩负着提升生产力水平和提升农村居民文化水平的双重使命。1995年，中共中央、国务院印发的《关于做好一九九五年农业和农村工作的意见》将组织建设目标进一步拓展，提出要"切实加强农村基层组织建设、精神文明建设和民主法制建设"。治理目标明晰是努力前进方向的根本动力，治理能力则是实现治理目标的基础，实现治理目标需要提升治理主体的能力。1998年，中共中央、国务院在《关于一九九八年农业和农村工作的意见》中提出"要切实抓好对农村基层干部的培训教育，重点学习邓小平理论，进行农村政策、民主法制、市场经济知识和农业科技培训，以提高广大农村基层干部的理论水平和政策水平"

1978—1998年农村基层党组织建设相关政策见表4-1。

表4-1　1978—1998年农村基层党组织建设相关政策梳理

时间	文件名称	主要内容
1986.2	关于调整和改进农村中党的基层组织设置的意见	在调整和改进农村基层党组织过程中，始终坚定以行政村为单位设置党组织不动摇。

---

① 张琛，董翀，孔祥智. 农村基层党组织建设的政策演进及完善建议［J］. 中国延安干部学院学报，2016（6）：40-49.

续表

时间	文件名称	主要内容
1987.11.1	中国共产党章程部分条文修正案	工厂、商店、学校、机关、街道、合作社、农场、乡、镇、村、人民解放军连队和其他基层单位，凡是有正式党员3人以上的，都应当成立党的基层组织。
1994.11.5	关于加强农村基层组织建设的通知	农村基层党组织必须认真贯彻"两手抓，两手都要硬"的方针，紧紧抓住发展农村生产力这个中心，同时加强社会主义精神文明建设，提高广大农民的思想道德水平和科学文化水平。
1995.3.11	关于做好一九九五年农业和农村工作的意见	坚持两手抓的方针，切实加强农村基层组织建设、精神文明建设和民主法制建设。
1997.2.3	关于一九九七年农业和农村工作的意见	着力抓好村党支部整顿和建设。
1998.1.24	关于一九九八年农业和农村工作的意见	要切实抓好对农村基层干部的培训教育，进行农村政策、民主法制、市场经济知识和农业科技培训。

二、"规范治理"制度转型阶段（1998—2017年）

在农村制度大变革的推动下，上一阶段为形成与人民公社体制废除的大背景相适应的治理制度，"乡政村治"的治理体制机制随之建立起来，并影响着治理主体的目标与行为。然而，上一阶段治理实施过程由于缺乏法律保障容易产生效率低下等问题。1998年《村民委员会组织法》的正式通过标志着这一阶段乡村治理不仅重视法律保障的供给，还重视乡村治理实施过程阻碍的破除，解决治理过程中难以缓解的矛盾。

新世纪以来，乡村治理面临诸多困难和挑战：城乡发展不平衡加剧，城乡居民收入差距不断拉大，城乡二元结构的矛盾十分突出，农民持续增收乏力。处理好"三农"问题是这一阶段乡村治理需要完成的重要任务。2004年中央一号文件提出将"三农"问题作为全党工作的重中之重。2006年，农业税彻底废除，农民负担明显减轻，打破了乡村治理工作长期面临的利益矛盾，稳定了治理主体与村民之间的关系，为乡村治理的规范实施创造了稳定环境。2012年中央一号文件提出"完善农村基层自治机制，健全农村法制，加强和创新农村社会管理，确保农村社会和谐稳定"，比以往增加了健全农村法制和创新农村社会管理等相关内容。党的十八大以来，农地确权、"三权分置"、"三块地"改革等措施更是涉及了农村产权的不清晰区域，充分保障农民基本利益，强化乡村治理的规范性。在乡村治理实施规范过程中，村民自治也进一步地得到强化。2014年中央一号文件对村民自治制度有了进一步地明确，即"完善和创新村民自治机制"，"实现村民自治制度化和规范化"，并进一步强调要探索不同情况下的村民自治有效实现形式。2015年中央一号文件指出村民自治试点的形式既要扩大村民小组基本单元，也要继续搞好社区基本单元

2004—2015年中央一号文件关于乡村基层治理的内容见表4-2。

表4-2 2004—2015年中央一号文件关于乡村基层治理的内容梳理

时间	文件名称	主要内容
2004.12.31	关于进一步加强农村工作提高农业综合生产能力若干政策的意见	建立健全村党组织领导的充满活力的村民自治机制。
2005.12.31	关于推进社会主义新农村建设的若干意见	健全村党组织领导的充满活力的村民自治机制。
2006.12.31	关于积极发展现代农业扎实推进社会主义新农村建设的若干意见	健全村党组织领导的充满活力的村民自治机制。
2007.12.31	关于切实加强农业基础建设进一步促进农业发展农民增收的若干意见	完善村民自治制度。健全基层党组织领导的充满活力的基层群众自治制度。
2009.12.31	关于加大统筹城乡发展力度进一步夯实农业农村发展基础的若干意见	发展和完善党领导的村级民主自治机制。
2011.12.31	关于加快推进农业科技创新持续增强农产品供给保障能力的若干意见	完善农村基层自治机制，健全农村法制，加强和创新农村社会管理，确保农村社会和谐稳定。
2012.12.31	关于加快发展现代农业进一步增强农村发展活力的若干意见	进一步健全村党组织领导的充满活力的村民自治机制。

续表

时间	文件名称	主要内容
2014.1.19	关于全面深化农村改革加快推进农业现代化的若干意见	完善和创新村民自治机制，实现村民自治制度化和规范化。探索不同情况下村民自治的有效实现形式。
2015.2.1	关于加大改革创新力度加快农业现代化建设的若干意见	扩大以村民小组为基本单元的村民自治试点，继续搞好以社区为基本单元的村民自治试点，探索符合各地实际的村民自治有效实现形式。
2015.12.31	关于落实发展新理念加快农业现代化实现全面小康目标的若干意见	依法开展村民自治实践，探索村党组织领导的村民自治有效实现形式。

  这一阶段强调了以下四点：第一，强调乡村治理实践过程中程序正当的重要性。为达成治理目标，乡镇与村庄的治理主体在进行约束性实践时不仅仅需要考虑治理决策本身所带来的目标价值，更需要考虑实践过程中权力运作是否合规正当。随着《村民委员会组织法》的深入落实，乡镇和村庄治理主体更能梳理好治理目标与治理实践路径之间的关系，不能为了达成治理目标无所顾忌地使用权力，而是要在严格的制度与规章框架下运作。第二，强调选举过程程序正当的重要性。村民选举直接影响到乡村治理主体，而实施主体必然会影响到具体乡村治理实践的选择。民主选举、民主决策、民主管理和民主监督紧密相连。当民主选举的正当性得到保障时，村级治理权力主体在进行民主决策、民主管理和民主监督的过程中也更能受到村民的支持与认可。第三，乡镇与村庄的主体性受到适当约束。"乡政村治"实施之初，乡镇与村庄都获得较大自主权，合理配置自主权、杜绝自主权的盲目使用需要调整原有的过于灵活的操作方式来运作治理事务，确保治理制度的正规化、项目制的稳定性、村庄选举的公平性。第四，更加强调村民本位。为克服前一阶段因农民负担过重、征地等问题产生的大量矛盾，这一阶段将通过推行选举确权、精准扶贫等政策强化村民本位，相当程度上避免地方基层的不法势力对农民权益造成的侵害。

  相比上一阶段，这一阶段更为注重治理的技术性，但这一转变也不可避免地带来了新的问题甚至难题。第一，对于程序正当与选举民主的追求过于强调形式。这虽然使这一阶段村庄治理的不合理行为得到约束，但同时也使村民选举的实质民主退化为形式民主，难以将村民共识通过选举制度凝聚起来[①]。第二，制度实施除了发挥约束功能之外，更应该为基层治理谋取公共利益和为发展赋能，否则将导致基层政权的"悬浮"[②]。这一阶段，基层主体不如上一阶段那样实质性地追求治理目标，导致基层迫切需要解决的治理问题难以得到解决。第三，法律规定与法律实施之间存在落差，使得司法制度难以融入乡村社会价值与规范之间，法治难以起到化解乡村纠纷矛盾的作用。第四，项目制目标设计方式与村庄实际不相容，破坏村庄内部协调机制。项目制的实施所带来的竞争不仅会破坏价值与规范的共识，甚至将导致精英合谋行为的出现而牺牲农民的基本利益。

此外，基层党组织的领导核心地位在这一阶段得到充分发挥，为基层治理能力的稳步提升提供组织保障。具体来说，2005年中央一号文件提出在县、乡镇和村三级党组织中，开展以"五个好"村党组织、乡镇党委和农村基层组织建设先进县为主要内容的创建活动，以充分发挥农村基层党组织的领导核心作用，进一步巩固党在农村的执政基础。随着城乡二元结构的逐步打破，城乡要素从单向流动转向双向流动，城市先进的技术、管理、资本等要素将能够助力乡村治理能力的提升，由此，2008年中央一号文件首次提出"建立城乡党的基层组织互帮互助机制"。进一步地，2009年中央一号文件指出"建立健全城乡一体党员动态管理机制，加强农民工党员教育管理，完善村党组织两推一选、村委会直选的制度和办法"。农村基层党组织工作能力的提升需要工作方式的创新，探索农村基层党组织发展的新模式。2010年中央一号文件首次提出"推动农村基层党组织工作创新，扩大基层党组织对农村新型组织的覆

---

① 仝志辉. 村委会选举的村庄治理本位：从户内委托辩难走向选举权利祛魅[J]. 中国农村观察，2016（1）：2-14.

② 周飞舟. 从汲取型政权到"悬浮型"政权：税费改革对国家与农民关系之影响[J]. 社会学研究，2006（3）.

盖面，推广在农民专业合作社、专业协会、外出务工经商人员相对集中点建立党组织的做法"，创新农村基层党组织的工作方式。进一步地，2013年中央一号文件明确了农民合作社的党建工作任务，即"加强农民合作社党建工作，完善组织设置，理顺隶属关系，探索功能定位"。农村基层党组织的建设离不开上级党委的重视，2016年中央一号文件明确强调"建立市县乡党委书记抓农村基层党建问题清单、任务清单、责任清单，坚持开展市县乡党委书记抓基层党建述职评议考核"，全方位从严加强农村基层党组织队伍建设，全面整顿软弱涣散的村党组织。

2004—2015年农村基层党组织建设相关政策见表4-3。

表4-3 2004—2015年农村基层党组织建设相关政策梳理

时间	文件名称	政策内容
2004.12.31	关于进一步加强农村工作提高农业综合生产能力若干政策的意见	深入开展农村党的建设"三级联创"活动，增强农村基层党组织的创造力、凝聚力和战斗力，充分发挥农村基层党组织的领导核心作用，进一步巩固党在农村的执政基础。
2005.12.31	关于推进社会主义新农村建设的若干意见	继续开展农村党的建设"三级联创"活动，加强基层党风廉政建设，巩固党在农村的执政基础。
2006.12.31	关于积极发展现代农业扎实推进社会主义新农村建设的若干意见	继续开展农村党的建设"三级联创"活动，选好配强乡党组织领导班子，加强以村党组织为核心的村级组织配套建设，加强农村基层党风廉政建设。
2007.12.31	关于切实加强农业基础建设进一步促进农业发展农民增收的若干意见	深入推进农村党的建设"三级联创"活动，加强以村党组织为核心的村级组织配套建设，建立城乡党的基层组织互帮互助机制，健全农村党员联系和服务群众的工作体系。
2008.12.31	关于2009年促进农业稳定发展农民持续增收的若干意见	建立健全城乡一体党员动态管理机制，加强农民工党员教育管理，完善村党组织两推一选、村委会直选的制度和办法。

续表

时间	文件名称	主要内容
2009.12.31	关于加大统筹城乡发展力度进一步夯实农业农村发展基础的若干意见	推动农村基层党组织工作创新,扩大基层党组织对农村新型组织的覆盖面,推广在农民专业合作社、专业协会、外出务工经商人员相对集中点建立党组织的做法。
2012.12.31	关于加快发展现代农业进一步增强农村发展活力的若干意见	扩大农村党组织和党的工作覆盖面,加强基层党组织带头人队伍建设。加强农民合作社党建工作,完善组织设置,理顺隶属关系,探索功能定位。
2014.1.19	关于全面深化农村改革加快推进农业现代化的若干意见	深入开展党的群众路线教育实践活动,推动农村基层服务型党组织建设。
2015.12.31	关于落实发展新理念加快农业现代化实现全面小康目标的若干意见	建立市县乡党委书记抓农村基层党建问题清单、任务清单、责任清单,坚持开展市县乡党委书记抓基层党建述职评议考核。

三、"三治融合"制度优化阶段（2017—　）

随着中国特色社会主义进入新时代,我国的乡村已经发生巨大变化,乡村治理进入新时期。虽然上一阶段乡村治理改革取得了一定成效,但乡村突出矛盾与问题仍未得到解决:国家支农体系尚显薄弱,城乡要素流动尚欠合理;农村基层党的建设存在薄弱环节,乡村治理体系和治理能力亟须强化;等等。解决好这些矛盾与问题,需要制定新时代乡村治理战略。2017年党的十九大提出实施乡村振兴战略,将"治理有效"列为乡村振兴的五大总要求之一。2018年党中央、国务院印发《乡村振兴战略规划（2018—2022年）》,提出未来5年,乡村治理要加强农村基层党组织对乡村振兴的全面领导,促进自治、法治、德治有机结合,夯实基层政权,以及发展公共服务。其中,产业兴旺是重点,生态宜居是关键,乡风文明是保障,治理有效是基础,生活富裕是根本。2019年,中共中央、国务院印发《关于加强和改进乡村治理的指导意见》,提出了推进乡村治理体系和治理能力现代化,夯实乡村振兴基层基础。坚持自治、法治、德治"三治融合",加强农村基层基础工作,构建乡村治理新体系。

乡村治理体系协同性的欠缺是上一阶段的主要不足，上一阶段仅仅强调通过制度约束权力的方式提供公共产品。这一举措容易导致治理制度与项目制运作无法增进农村居民对于基层公共权力施展的认同与支持，无法促进村民共识的形成与巩固，导致乡村社会中的制度创设与外部资源注入无法高效率地提升治理效能。有鉴于此，党的十九大报告提出了新的健全与完善乡村治理的思路。

首先，乡村治理成为乡村振兴战略全局性考虑的重要一环，从整体而非孤立的视角理解乡村治理的内涵。党的十九大报告提出"构建现代农业产业体系、生产体系、经营体系，完善农业支持保护制度，发展多种形式适度规模经营，培育新型农业经营主体，健全农业社会化服务体系，实现小农户和现代农业发展有机衔接。促进农村一二三产业融合发展，支持和鼓励农民就业创业，拓宽增收渠道。加强农村基层基础工作，健全自治、法治、德治相结合的乡村治理体系。培养造就一支懂农业、爱农村、爱农民的'三农'工作队伍"。可以看出，乡村治理与之前农业农村工作所强调的经济与产业发展以及精准扶贫等关键内容，形成了一个不可分割的整体，乡村治理需要精准扶贫等农业农村重大项目的支撑，乡村治理体制机制本身的理顺也能为各项农业农村工作创造良好环境。

需要特别提出的是，党的十九大报告首次提出了"健全自治、法治、德治相结合的乡村治理体系"。这一重要思想是对已有治理思路的一种反思与升华。在这一阶段，乡村治理摆脱了以繁复制度对治理权力进行约束的路径，虽然这一路径在规范治理机制方面起到重要作用，但也使得基层公共权力难以回应突出的治理难题，难以实现真正的"治理有效"，无法顺利达成治理目标。党的十九大报告从两方面强调了治理实践过程中"三治"的紧密性：一方面，自治与法治都有助于实现有效治理，因此需要强化自治与法治在约束权力之外的"赋能"，为自治与法治的治理实践创造更为广阔的实践空间。另一方面，报告还引入了德治这一新的维度，强调其可以成为自治与法治之外的另一种治理资源。

而德治既包括社会主义的核心价值，也可以融入地方性的社会规范、村规民约。和自治与法治更多地强调正式制度下的治理运作相比，德治可以通过社会规范这样的非正式与非制度化的因素来促进治理实践，与自治和法治在正式制度下的治理互补，影响正式制度所覆盖不到的层面。

因此，这一阶段的重点是健全自治、法治、德治相结合的乡村治理体系。这一工作的深入推进将起到以下三点作用：第一，改善村民对村庄治理主体公共权力产生过程不认可的局面，以"三治"多管齐下提升自治的融洽性。第二，法治权威的强化与德治价值的融入能够保障权力行使、制度创设等治理决策与实施的合理性，缩短治理目标与治理实践之间的距离。第三，"三治"的深入实践形成的规范性认识将能够较大程度避免因意见分歧而造成的村内关系不和谐。其中，自治推动的公共权力形成、法治纠纷调处、德治价值注入都起到不可替代的作用。基于"三治"的乡村治理体系是一种动态实践的总体，关系到整个乡村治理体系的完善与巩固。"三治融合"思路的提出，能够引导乡村治理体系的实践形成更清晰的目标与路径，有助于探索自治、法治和德治未来的完善方向与相互配合的方式。此外，2017年中央一号文件和2018年中央一号文件分别提出"完善村党组织领导的村民自治有效实现形式"和"加强农村群众性自治组织建设，健全和创新村党组织领导的充满活力的村民自治机制"，旨在要求农村基层党组织在乡村治理中发挥重要的作用，强调了农村基层党组织在乡村治理中的作用，为"三治融合"制度优化提供坚实的战斗堡垒。

第二节　剖蚌求珠：从"局部"到"整体"

一、痛点一：乡村治理目标差异化导致高治理成本

乡村治理所要达到的境地或者标准就是治理目标。乡村治理的具体

任务无论如何调整，其总目标指向都是实现农业农村现代化，乡村振兴正是促进农业农村现代化实现的重大战略方针。有效的乡村治理是乡村振兴实现的重要保障。在这一过程中，不同治理主体的乡村治理目标必然会出现差异化，并且一定程度上忽视产业兴旺、生态宜居、乡风文明、生活富裕等其他目标的实现。尽管如此，乡村治理目标之间如果形成"单兵突击"的局面，反而会削弱乡村治理能力，最终不利于乡村治理目标的实现。目标差异化过大，甚至会出现乡村治理各层级出现利益博弈冲突，使得乡村治理结构的层级化力量被大大削弱，甚至断层。具体来看，国家层面更关注乡村治理的稳定性、长期发展，地方政府层面更关注短期的政绩实现，基层乡村更多是基于自身利益考虑，因此会出现"上有政策，下有对策"的情形，出现目标不一致性，导致乡村治理实践与目标相脱节。

治理目标的不一致性将直接导致治理成本的升高。现阶段，不少地区乡村治理实践未能充分激发群众参与决策的积极性，导致治理成本的高昂，不利于治理效率的提升。具体而言，高治理成本包括不同层级之间、同一层级不同主体之间的交易成本，是阻碍乡村有效治理的最大难题。因此，降低有效治理的交易成本，亟须整合乡村治理目标方向，构建起同一大目标下行动的联动框架，提升综合治理效率。

二、痛点二：乡村治理体系松散，阻碍有效治理

自治、德治、法治都属于乡村治理模式，三者体系化是党的十九大报告提出的重点内容。在此之前，村民自治与法治之间长期不衔接，导致矛盾纠纷难以在短期内得到解决。这一关系的矛盾即使一开始受到关注，但处理起来仍然需要相当长的一段时间因地制宜地探索。例如，有些村的村民代表大会决议规定，不论外嫁女户籍是否迁出都一律取消集体经济组织成员资格，不再享受集体经济组织的福利和分红。随着村、组（尤其是集体经济薄弱村）集体经济的发展壮大，外嫁女成员界定问题将逐步激化为矛盾，为农村集体产权制度改革的稳步推进埋下了巨大的风险隐患。笔者调研的广东省惠州市惠阳区白石村高澳小组曾经出现

村民和外嫁女之间的激烈矛盾。外嫁女坚决认为自身应该能够正常享受分红，但村民也丝毫不让步，强调村民代表大会决议所反映的民主意愿。在这一情况下，外嫁女选择采取法律手段，将高澳小组集体告上法庭。然而，高澳小组自身缺乏专业法律知识，也未能得到法律服务团队的支持，无法上庭应诉。最终，高澳小组在诉讼案件中都败诉并进入执行阶段，组级经济合作社的集体账户也随之遭到法院冻结。高澳小组在败诉后，与街道股改小组、农业办、组织办、司法所、妇联及律师团队联合成立工作组，多次与外嫁女沟通协商，召开协调会议，听取外嫁女的诉求，调解分配纠纷，并尝试提出给予外嫁女50%自然配股的方案，但外嫁女们仍不能接受此方案。直到高澳小组设置了新增人员用现金购买股份也只能购买50%的门槛，确保外嫁女与新增人员平等，外嫁女们才接受了这个方案，这一问题才得到缓解。

总体而言，乡村的自治、德治、法治之间仍然处于体系松散的阶段，甚至互相抑制，处于"1+1+1<3"的阶段。尽管党的十九大报告已经提出了"三治融合"的乡村治理体系转变方向，但实践中仍存在重重困难，既需要自治、德治、法治三者在目标与内涵上具有协同性，也需要基层党组织等治理主体的科学参与。现阶段，基层党组织、社会组织与村民自治组织三者之间同样处于协同性较低的状态，如果三者无法做到良性互动，自治、德治、法治三者也难以实现有机融合，"三治融合"的协同效应失去组织支撑，"三治融合"的制度变迁成本甚至可能高于制度变迁收益。此外，随着城乡二元结构的逐步打破，城市技术、资本等先进要素进入乡村，合理运用先进要素能降低治理所需要的制度变迁成本，城市先进要素与经验在乡村治理体系中的作用尚待广泛重视与探索。

三、痛点三：乡村治理主体行动联动程度低

治理主体是治理活动的承担者、参与者。改革开放以来，我国乡村治理是一个多元主体共同参与治理的过程，形成党和政府、农民组织、社会组织等治理主体多元化的格局。然而，各主体自身仍然存在一些问

题,导致行动难以真正整合起来。一是村两委在乡村治理过程中仍然存在"错位"和"缺位"的问题,权责边界不够清晰,主体责任意识需要进一步强化,集体资产管理运作方式亟须公开透明。二是农民的主体地位仍未得到充分确立。为弥补单个主体薄弱的力量,部分农民通过抱团取暖的方式组建各类农民组织,以维护自身利益的方式参与到乡村治理的过程之中。然而,各类农民组织的建立是需要交易成本的,保障广大农民群体参与乡村治理的方式有待创新。没有广大农民的参与,乡村治理就是无源之水、无本之木。三是各类社会组织的广泛参与难以"嵌入"乡村之中。乡村内部的关系网络与价值认知为社会组织的参与带来了较高的交易成本。即使社会组织选择参与乡村治理,也可能为了弥补交易成本而产生侵犯农民利益的行为。因此,现阶段治理主体行动联动性仍然很低。如果未能将治理主体的目标方向统一到一条战线上,乡村治理的实施主体将难以在实现有效治理过程中充分发挥作用。

特别是随着城乡融合体制机制的逐步完善,乡村治理主体将进一步扩展,实行共建共治共享的治理主体框架将逐步形成。乡村治理不仅仅是乡村内部的事情,乡村外来人口同样会影响到乡村治理进程。如果无法联动治理主体行动,可能会造成治理目标更为混乱的局面。多方参与治理主体协同性低,不利于乡村综合吸引力水平的提升,直接影响到现代乡村治理体制的构建,难以在城乡治理一体化进程中实现有效治理。

第三节 补阙拾遗:从"规范"到"升华"

乡村治理一直以来都是国家和社会治理的重要组成部分,在不同的历史发展时期,动态演进不断完善。新时代的乡村治理面临新的挑战,坚持和巩固历史经验中的精华部分、适用部分,创新和完善新背景下的不足之处、欠缺之处,逐步建立健全现代化的乡村治理体系,为建设村强、民富、景美、人和的现代乡村打下坚实的基础，提供强硬的保障。具体来说，新时代乡村治理发展方向主要有以下几个方面：

一、手段一：紧扣现代化乡村治理目标，放眼全局攻坚克难

应对更加复杂的乡村治理新挑战，首先就是要树立正确合理的旗帜，抓核心，明确并牢固树立现代化乡村治理目标；揽全局，统筹协调解决发展中的"不平衡""不充分"问题，才能更好地指导具体变革的推进。

紧紧抓住乡村居民"日益增长的对美好生活的需要同不平衡不充分的发展"之间的矛盾进行突破，牢牢围绕乡村治理体系和治理能力现代化进行建设。由中共中央、国务院于2019年印发的《关于加强和改进乡村治理的指导意见》中指出了加强和改进乡村治理的总体目标："到2020年，现代乡村治理的制度框架和政策体系基本形成，农村基层党组织更好发挥战斗堡垒作用，以党组织为领导的农村基层组织建设明显加强，村民自治实践进一步深化，村级议事协商制度进一步健全，乡村治理体系进一步完善。到2035年，乡村公共服务、公共管理、公共安全保障水平显著提高，党组织领导的自治、法治、德治相结合的乡村治理体系更加完善，乡村社会治理有效、充满活力、和谐有序，乡村治理体系和治理能力基本实现现代化。"在乡村治理的现代化改善和升级中，除了要实现农业进步、农民收入高质增长等物的现代化以外，更重要的、更本质的是实现人力资本提升等人的现代化，以人为本，解决乡村人的公共服务、社会管理和精神思想问题。树立乡村治理的现代化目标方向，在抓住核心与本质的同时，还要关注全局的统筹与协调，有机融合到乡村振兴的战略部署中和国家发展的大局中[1]。

除了乡村治理本身的制度框架和政策体系搭建以外，还需要"三农"领域其他各方面制度框架和政策体系的建立健全，需要将乡村治理

---

[1] 丁志刚，王杰. 中国乡村治理70年：历史演进与逻辑理路[J]. 中国农村观察，2019（4）：18-34.

和完善落实各项"三农"政策有机结合。在推进农业现代化发展方面，为破解要素流动性不足制约资源有效配置的难题，完善承包地"三权分置"制度、完善抵押贷款制度等；为突破市场经济发展需要与农产品供给之间的矛盾，推进农业供给侧结构性改革；为解决小农户对接大市场的无助，推动农业社会化服务体系建设。在发展壮大农村集体经济方面，推进农村集体产权制度改革。在改善农民生活、丰富农民精神文明方面，消除绝对贫困，坚决打赢脱贫攻坚战；顺应乡村肌理，大力推进生态宜居乡村建设。这些变革都与乡村治理变革相辅相成，形成有机整体，为乡村振兴搭建制度基础，将乡村治理目标和"两个一百年"奋斗目标有效衔接。

聚焦乡村但不局限于乡村，必须推动城乡治理一体化发展，区域治理协调性发展。当前背景下，城乡之间的巨大差距依旧存在。落后的乡村基础设施和乡村制度体系建设既限制了治理主体提供治安、纠纷协调、医疗、卫生、教育等公共服务的水平，又阻碍了城乡之间要素流动的自由性。应当积极借鉴城市治理中的先进经验，依托乡村的具体实践创新应用；积极吸收城市中的先进要素，基于乡村的具体需要有机注入。当前背景下，乡村之间的发展差异仍然存在。针对不同自然人文禀赋的乡村，治理变革的"一刀切"必然不可行。国家应做好政策的顶层设计，实行"三有结合"，合理设置政策条件，按条件"有所不变""有所取消""有所修改"，因村施策，区域协调。

二、手段二：构建科学化乡村治理体系，"三治融合"规范运行

党的十九大报告首次提出了"健全自治、法治、德治相结合的乡村治理体系"。内有"自治"，外有"法治"，"德治"作为支撑与协调，这三者的有机融合是应对新时代乡村治理新挑战、实现现代化乡村治理目标的重要途径。

坚持自治本体与核心地位。"中华人民共和国是工人阶级领导的、以工农联盟为基础的人民民主专政的社会主义国家。""中华人民共和国的一切权力属于人民。"乡村治理的最终实现主体还是要依靠人民自治，

"健全人民当家作主制度体系,发展社会主义民主政治",增强人民自治素养,提升人民自治能力,将"民主选举、民主监督、民主管理和民主决策"放到同等重要的地位,有机融合,不断丰富人民自治的形式。这一方面激发了村民参与自主治理的主观能动性,使公共权力的生成与执行得到人民的认可,降低制度推行的成本;另一方面从乡村实情出发,增强具体治理实践的合理性、适用性和针对性,提升治理的效率和效果①。

维护法治基础与保障地位。司法系统的权威可以给人以稳定的期望,"它存在的意义是对超出内部规则边界的乡村治理事务进行治理,或是对仅凭内部规则无法解决的乡村事务进行治理"②,是自治与德治的重要保障。当前,与自治相关体制的建立健全相比,法治和德治体系的发展还较为落后。就法治而言,需要合法界定自治权,明确治理主体所需外部规则③,尽快化解自治、德治与法治的冲突之处,弥补法治外部规则体系建立的不足之处,普及乡村法治意识,丰富乡村治理法律服务,促进法治与自治、德治的有效衔接、有机整合。

确保德治支撑与协调地位。德治是指"主要依托传统优秀文化、现代思想资源、当地村规民约,强化道德的教化作用,从而形成村落公共意识,养成邻里互助的良好风气和行为习惯"④。相比于自治与法治的"刚性",德治是"柔性"的;相比于自治与法治的"规则",德治的内涵是"责任"。乡风文明是德治建设的重要基础,注重个人、家庭和社会的美德建设,积极践行社会主义核心价值观,宣传弘扬中华优秀传统文化。德治社会价值的注入大大降低了强制性政策的执行成本,使乡村治理更能反映民情、民意、民愿,推动乡村治理在精神文明层面达成共识,实现共建共治共享,是乡村治理的最高境界。

---

① 张蝴蝶."三治合一"打造乡村治理新体系[J].人民论坛,2019(4):76-77.
② 黄君录,何云庵.新时代乡村治理体系建构的逻辑、模式与路径:基于自治、法治、德治相结合的视角[J].江海学刊,2019(4):226-232.
③ 侯宏伟,马培衢."自治、法治、德治"三治融合体系下治理主体嵌入型共治机制的构建[J].华南师范大学学报(社会科学版),2018(6):141-146,191.
④ 同②.

三、手段三：融合多元化乡村治理主体，百花齐放相得益彰

《乡村振兴战略规划（2018—2022年）》第八篇"健全现代乡村治理体系"提道，"把夯实基层基础作为固本之策，建立健全党委领导、政府负责、社会协同、公众参与、法治保障的现代乡村社会治理体制，推动乡村组织振兴，打造充满活力、和谐有序的善治乡村"。可见，践行现代乡村治理目标、实操新型乡村治理方式的主体并不单一，现代化乡村治理体系的建立健全离不开多样化主体各司其职，发挥各自比较优势，互为补充相互促进。

充分发挥基层党支部战斗堡垒作用和基层党员先锋模范作用，指引正确的变革方向。党中央是新时代乡村治理顶层路线方针政策的设计者，农村基层党组织是新时代乡村治理具体的领导者和组织者[1]。全面从严治党，不断提高党的执政能力和领导水平，能够保证现代化乡村治理体系建设的正确方向和稳步推进。以山东省威海市农业社会化服务体系建设为例，各镇级农业社会化综合服务中心成立党总支，密切各党支部之间的联系，正确指引，搭建全市社会化服务网络；各村级党支部领办土地合作社、劳务合作社等，科学组织，提供交易信息，大大降低了要素流动过程中的阻力，提升了整体资源配置效率。

充分发挥政府服务职能，统筹协调具体负责。政府能够通过行政决定影响生产要素的使用，有能力以低于私人组织的成本来进行某些活动，相比于企业而言，可以依靠警察和其他法律执行机构来确保其行政决定的实施，从而弥补市场功能的缺失。在现代化乡村治理中，政府的角色亦是如此，应加快推进自身机构变革，向"服务型"政府转变，落实政府主体责任，实现政府治理和其他多主体参与治理的良性互动。

充分发挥村委会关键的村民自治组织载体作用。《村民委员会组织法》（2018年修正）对村委会的产生、组织、职责、民主选举、民主决

---

[1] 丁志刚，王杰. 中国乡村治理70年：历史演进与逻辑理路[J]. 中国农村观察，2019（4）：18-34.

策、民主监督和民主管理等做出了详细规定,指出"村民委员会是村民自我管理、自我教育、自我服务的基层群众性自治组织,实行民主选举、民主决策、民主管理、民主监督。村民委员会办理本村的公共事务和公益事业,调解民间纠纷,协助维护社会治安,向人民政府反映村民的意见、要求和提出建议。村民委员会向村民会议、村民代表会议负责并报告工作"。

充分调动社会多元组织和个人参与乡村治理的主观能动性,积极参与出谋划策,共建共治共享。丰富的社会组织和个人,在现代化乡村治理中发挥着不可替代的作用,需要积极引导、鼓励与支持。在农村集体产权改革中,农村集体经济组织的建立健全是乡村治理主体的重要补充。广东省肇庆市四会市城中街道仓岗社区股份经济联合社,依据该社成员代表大会讨论通过的章程,每年从收益中提取10%的公益金,用于集体公益福利设施建设,包括兴建学校、幼儿园、福利院、道路交通和环卫绿化等设施。乡贤为乡村治理提供了物质和人力资本。广东省肇庆市四会市江谷镇黎寨村经济联合社确认户口已经迁出乡贤的特殊集体成员身份,虽然他们不参与分红,没有集体资产份额占比,但是集体成员身份的确认让他们有了归属感,他们热爱家乡,基于个人所及为家乡建设带去新思想、新要素。新型农业经营主体的参与能够激发乡村治理新的活力。谭智心、孔祥智认为,合作社内部社员的行为偏好假设除了"自利"以外,还应加入"互惠"偏好假设[1]。加入农民专业合作社可以提高成员的民主认知,强化其民主参与;增强成员之间的特殊信任,进而增强成员之间的普遍信任[2],促进自治、法治与德治的有机统一。

(执笔人:黄斌、杨睿)

---

[1] 谭智心,孔祥智. 不完全契约、非对称信息与合作社经营者激励:农民专业合作社"委托—代理"理论模型的构建及其应用[J]. 中国人民大学学报,2011,25(5):34-42.

[2] 赵昶,董翀. 民主增进与社会信任提升:对农民合作社"意外性"作用的实证分析[J]. 中国农村观察,2019(6):45-58.

参考文献

[1] 丁志刚，王杰. 中国乡村治理 70 年：历史演进与逻辑理路 [J]. 中国农村观察，2019（4）.

[2] 侯宏伟，马培衢. "自治、法治、德治"三治融合体系下治理主体嵌入型共治机制的构建 [J]. 华南师范大学学报（社会科学版），2018（6）.

[3] 黄君录，何云庵. 新时代乡村治理体系建构的逻辑、模式与路径：基于自治、法治、德治相结合的视角 [J]. 江海学刊，2019（4）.

[4] 谭智心，孔祥智. 不完全契约、非对称信息与合作社经营者激励：农民专业合作社"委托—代理"理论模型的构建及其应用 [J]. 中国人民大学学报，2011，25（5）.

[5] 仝志辉. 村委会选举的村庄治理本位：从户内委托辩难走向选举权利祛魅 [J]. 中国农村观察，2016（1）.

[6] 张蝴蝶. "三治合一"打造乡村治理新体系 [J]. 人民论坛，2019（4）.

[7] 赵昶，董翀. 民主增进与社会信任提升：对农民合作社"意外性"作用的实证分析 [J]. 中国农村观察，2019（6）.

[8] 周飞舟. 从汲取型政权到"悬浮型"政权：税费改革对国家与农民关系之影响 [J]. 社会学研究，2006（3）.

Modernization of Agriculture and Rural Development in **China**

第五章

美丽乡村建设：宜居乡村的"基础"与"难点"

5

美丽乡村建设：宜居乡村的"基础"与"难点"

改革开放以来,中国经济发展取得了巨大成就,但城乡二元结构仍旧存在,城市与农村之间的发展差距越拉越大。农村人口迅速向城市流动,土地高速非农化,空心村现象越来越严重;农业发展粗放,资源消耗巨大,环境破坏严重;农村生态环境急需保护,人居环境亟待改善;加之基础设施建设的历史欠账,农村发展面临着严峻考验。党的十六届五中全会提出"生产发展、生活富裕、乡风文明、村容整洁、管理民主"的社会主义新农村建设目标,美丽乡村建设由此开始。党的十八大首次提出"美丽中国"的全新概念,强调必须树立尊重自然、顺应自然、保护自然的生态文明理念,明确提出了包括生态文明建设在内的"五位一体"社会主义事业总体布局。美丽乡村建设作为美丽中国建设的基础和难点,也进入了新的发展阶段。

美丽乡村是指经济、政治、文化、社会和生态文明协调发展,规划科学、生产发展、生活宽裕、乡风文明、村容整洁、管理民主,宜居、宜业的可持续发展乡村。美丽乡村建设应该基于人与人、人与社会、人与自然之间的协调发展关系,兼顾农村从生产到生活、从基础设施到文化文明、从生态保护到社会管理等需求,培育产业美、规划美、治理美、生活美、人文美和生态美的大美乡村[①]。建设美丽乡村,对于完善我国农村基础设施建设、发展乡村产业、保护农村生态环境、改善农村人居环境、整治空心村问题、提升规划治理、重构乡村空间、缩小城乡差距、实现城乡一体化发展具有重大意义。本章主要是梳理美丽乡村建设的政策沿革,总结取得的成效与存在的不足,并对农村未来的发展走向提出建议。

第一节 政策沿革:从"理念"到"格局"

进入新世纪以来,随着农村生态环境资源形势日趋紧张,城乡发展

---

① 陈秋红,于法稳. 美丽乡村建设研究与实践进展综述[J]. 学习与实践,2014 (6):107-116.

差距进一步拉大,党中央先后提出社会主义新农村建设和乡村振兴战略。在此背景之下,美丽乡村建设也经历了从"铺垫"与"孕育"到"明晰"与"深化"再到"补齐短板"与"全面发展"三个不同的阶段,不断推进和完善。

一、美丽乡村建设的"铺垫"与"孕育"(2005—2012年)

党的十六届五中全会指出建设社会主义新农村是我国现代化进程中的重大历史任务,要按照生产发展、生活宽裕、乡风文明、村容整洁、管理民主的要求,扎实稳步地加以推进。在这一时期,党中央通过推动社会主义新农村建设,不断改善农村基础设施情况,加强农村生态环境保护和污染治理,改善人居环境,为美丽乡村建设奠定基础。2006年中央一号文件提出加强农村饮水安全工程建设,加快农村清洁能源发展步伐;2007年中央一号文件强调改善农村人居环境,加强村庄规划治理;2008年中央一号文件提出实施乡村清洁工程,治理乡村环境污染,加强乡村生态修复,创建绿色家园。同年生效的《城乡规划法》首次将乡和村庄纳入城乡一体化规划,一系列乡村规划法规和技术标准的出台开始构建起我国美丽乡村建设的技术支撑体系[1];随后党的十七届三中全会进一步把提高农村人居环境作为推进新农村建设的一项重要任务。美丽乡村建设不断铺垫和"孕育"。

2005—2012年美丽乡村建设相关政策见表5-1。

表5-1 2005—2012年美丽乡村建设相关政策

时间	文件	主要内容
2005.10.11	中共中央关于制定国民经济和社会发展第十一个五年规划的建议	建设社会主义新农村是我国现代化进程中的重大历史任务,要按照生产发展、生活宽裕、乡风文明、村容整洁、管理民主的要求,扎实稳步地加以推进。

---

[1] 曾帆,邱建,蒋蓉. 成都市美丽乡村建设重点及规划实践研究[J]. 现代城市研究,2017(1):38-46.

续表

时间	文件	主要内容
2005.12.31	2006年中央一号文件	加快农村饮水安全工程建设。加快农村能源建设步伐,在适宜地区积极推广沼气、秸秆气化、小水电、太阳能、风力发电等清洁能源技术。
2006.12.31	2007年中央一号文件	治理农村人居环境,搞好村庄治理规划和试点,节约农村建设用地。
2007.10.28	中华人民共和国城乡规划法	协调城乡空间布局,改善人居环境,促进城乡经济社会全面协调可持续发展。
2007.12.31	2008年中央一号文件	有序推进村庄治理,继续实施乡村清洁工程,开展创建"绿色家园"行动。
2008.10.12	关于推进农村改革发展若干重大问题的决定	将农村人居环境作为新农村建设的重要任务。

二、美丽乡村建设的"明晰"与"深化"(2012—2017年)

2012年党的十八大召开,将生态文明建设引入"五位一体"的中国特色社会主义事业建设总体布局,指出面对资源约束趋紧、环境污染严重、生态系统退化的严峻形势,必须树立尊重自然、顺应自然、保护自然的生态文明理念,把生态文明建设放在突出地位,融入经济建设、政治建设、文化建设、社会建设各方面和全过程,首次提出了建设美丽中国的概念。美丽乡村建设作为其重要组成部分,也被明确提出并得到了高度重视。2013年起中央一号文件相继出台了与美丽乡村建设有关的内容,各部委省市也发布了相应的政策法规,美丽乡村建设进入发力阶段。

2013年中央一号文件提出加强农村生态建设、环境保护和综合整治,努力建设美丽乡村,明确提及美丽乡村建设。同年2月,农业部发布《关于开展"美丽乡村"创建活动的意见》,强调了美丽乡村建设对于推进生态文明建设、促进农业农村经济科学发展、提升社会主义新农村建设水平的重要意义;指出了创建工作的总体思路,明确了推动美丽乡村建设的试点工作,于2013—2015年在全国选择产生1 000个"美丽乡村"创建试点单位；初步明确了美丽乡村建设的工作安排。7月，财政部印发《关于发挥一事一议财政奖补作用推动美丽乡村建设试点的通知》，采取一事一议财政奖补方式在全国推动美丽乡村建设的试点工作。2015年11月，财政部宣布从2016年起中央财政将按照每村每年150万元的力度，连续支持两年，计划"十三五"期间在全国建成6 000个左右美丽乡村；相关财政配套措施不断跟进。2014年中央一号文件着重强调开展村庄人居环境整治，加快编制村庄规划，推行以奖促治政策，以治理垃圾、污水为重点，改善村庄人居环境。2015年中央一号文件指出围绕城乡发展一体化，深入推进新农村建设；强化规划引领作用，加快提升农村基础设施水平，推进城乡基本公共服务均等化，让农村成为农民安居乐业的美丽家园；不断强调美丽乡村建设过程中人居环境、村庄编制、污染治理和城乡一体化发展的重要性。4月，国家质检总局、国家标准委发布《美丽乡村建设指南》，为开展美丽乡村建设提供了框架性、方向性技术指导，使美丽乡村建设有标可依，使乡村资源配置和公共服务有章可循，使美丽乡村建设有据可考。2016年中央一号文件提出遵循乡村自身发展规律，体现农村特点，注重乡土味道，保留乡村风貌，开展生态文明示范村镇建设，鼓励各地因地制宜探索各具特色的美丽宜居乡村建设模式；2017年中央一号文件提出深入开展农村人居环境和美丽宜居乡村示范创建，支持重要农业文化遗产保护；因地制宜的特色美丽乡村建设模式不断得到重视和推广。

2012—2017年美丽乡村建设相关政策见表5-2。

表5-2 2012—2017年美丽乡村建设相关政策

时间	文件	主要内容
2012.11.8	党的十八大报告	必须树立尊重自然、顺应自然、保护自然的生态文明理念，把生态文明建设放在突出地位，融入经济建设、政治建设、文化建设、社会建设各方面和全过程，努力建设美丽中国，实现中华民族永续发展。
2012.12.31	2013年中央一号文件	加强农村生态建设、环境保护和综合整治，努力建设美丽乡村。

续表

时间	文件	主要内容
2013.2.22	关于开展"美丽乡村"创建活动的意见	指出美丽乡村建设的意义和总体规划,明确 2013—2015 年,在全国选择产生 1 000 个"美丽乡村"创建试点单位。
2013.7.1	关于发挥一事一议财政奖补作用推动美丽乡村建设试点的通知	采取一事一议财政奖补方式在全国推动美丽乡村建设的试点工作。
2014.1.19	2014 年中央一号文件	加快编制村庄规划,推行以奖促治政策,以治理垃圾、污水为重点,改善村庄人居环境。
2015.2.1	2015 年中央一号文件	指出围绕城乡发展一体化,深入推进新农村建设。推进城乡基本公共服务均等化,让农村成为农民安居乐业的美丽家园。
2015.4.29	美丽乡村建设指南	由 12 个章节组成,基本框架分为总则、村庄规划、村庄建设、生态环境、经济发展、公共服务、乡风文明、基层组织、长效管理等 9 个部分。
2015.12.31	2016 年中央一号文件	开展生态文明示范村镇建设。鼓励各地因地制宜探索各具特色的美丽宜居乡村建设模式。
2016.12.31	2017 年中央一号文件	开展农村人居环境和美丽宜居乡村示范创建。支持重要农业文化遗产保护。

三、美丽乡村建设的"补齐短板"与"全面发展"(2017—)

2017 年党的十九大召开,强调加快生态文明体制改革,提出乡村振兴战略,美丽乡村建设进入一个新的阶段,内涵得到新的丰富,力度得到新的拓展,重要性也得到新的提升。美丽乡村事业将为农村振兴、国家复兴承担更为重要的责任[①]。2018 年中央一号文件强调在乡村振兴背景下,要在农村教育事业、农村劳动力转移、农民增收、农村基础设施建设、社会保障体系建设、医疗卫生建设和人居环境建设等方面抓重点,补短板,把乡村建设成为幸福美丽新家园。2019 年中央一号文件提

---

① 魏玉栋. 乡村振兴战略与美丽乡村建设[J]. 中共党史研究,2018(3):14-18.

出加快补齐农村发展短板，提升乡村建设和治理水平，还提出推动农村基层组织建设，推进乡村治理，推进乡风文明建设。2020年中央一号文件指出要对标全面建成小康社会，加快补上农村基础设施和公共服务短板。美丽乡村建设进入补齐短板、全面发展的阶段。

2017年以来美丽乡村建设相关政策见表5-3。

表5-3 2017年以来美丽乡村建设相关政策

时间	文件名称	主要内容
2017.10.18	党的十九大报告	加快生态文明体制改革，提出乡村振兴战略。
2018.1.2	2018年中央一号文件	在农村教育事业、农村劳动力转移、农民增收、农村基础设施建设、社会保障体系建设、医疗卫生建设和人居环境建设等方面抓重点，补短板，把乡村建设成为幸福美丽新家园。
2019.2.19	2019年中央一号文件	加快补齐农村发展短板，提升乡村建设和治理水平。推动农村基层组织建设，推进乡村治理，推进乡风文明建设。
2020.1.2	2020年中央一号文件	对标全面建成小康社会，加快补上农村基础设施和公共服务短板。

四、美丽乡村建设：从"筚路蓝缕"到"玉汝于成"

我国美丽乡村建设经过社会主义新农村时期的铺垫和孕育，到生态文明建设时期的不断发力，再到新时代乡村振兴背景下的补齐短板和全面发展，各省市在中央的政策指导之下，结合自身实际，发挥优势特长，探索出了多种类型的美丽乡村建设模式，在试点过程中培育出了一批典型案例，取得了良好的阶段性成效，为实现更大范围、更高质量的美丽乡村建设奠定了坚实基础。

产业发展型模式。东部沿海地区经济发展基础好，产业优势明显，在农民专业合作社、龙头企业的带动下，通过农业规模化、标准化经营，整合上下游资源，培育特色产业，推进美丽乡村建设。江苏省永联村的发展便是这一模式的典型代表。永联被称为"华夏第一钢村"，曾是张家港市面积最小、人口最少、经济发展最落后的村。改革开放以后，通过筹办轧钢厂、水泥预制品厂、家具厂等方式取得了快速发展。2005年开始，永联村通过工业反哺农业的方式，强化农业产业化经营，投资农村基础设施和公共事业，全面推进社会主义新农村建设。2005年、2009年、2011年、2014年，永联村四次获得"全国文明村"称号，并在2013年成为全国"美丽乡村"首批创建试点村。

生态保护型模式。在水资源、森林资源丰富，自然条件优越，风光优美的地区，一些村庄立足自身生态环境特点，建设生态保护型美丽乡村。浙江省安吉县高家堂村便将自然生态和美丽乡村建设相结合，在保护生态环境的基础上，立足生态优势，将其转化为经济资源，将竹林培育、生态养殖和农家乐有机结合，形成了竹产业生态、生态观光型高效竹林基地、竹林鸡养殖、农家生态旅游等生态友好型发展模式。2013年高家堂村投资130万元修建仙龙湖水库，涵养水源，保护森林资源，并配套修建了公园、观景亭和生态文化长廊，打造出与自然和谐共生的人居环境。高家堂村的美丽乡村建设探索，为国家标准《美丽乡村建设指南》的发布贡献了重要的实践经验。

城郊集约型模式。一些村庄依托于紧邻大城市所具有的交通便利、基础设施完善、市场广阔等优势，大力提高农业集约化、规模化经营水平，成为城市的"菜篮子"和"后花园"，以此带动美丽乡村建设。上海市松江区泖港镇凭借着毗邻上海的巨大优势，根据自身"气净、水净、土净"的资源特点，大力发展环保农业、生态农业和休闲农业。一方面，从2007年起大力发展家庭农场，通过规范土地流转、完善管理服务、推动集约经营等方式，现已基本实现家庭农场的专业化和规模化运作。另一方面，泖港镇大力加强基础设施建设，改善人居环境和生态环境，在2010年成功创建国家级卫生镇。在此基础之上，通过发展生态旅游，2013年实现旅游收入3 000万元，带动农副产品销售1 500多万元，不仅美了乡村，也富了村民。

社会综治型模式。在人口较多、规模较大、居住比较集中的地区，一些村庄通过完善基础设施建设、修建新式农居、成立农村社区等方式加强社会综合治理，推进美丽乡村建设。吉林省扶余市弓棚子镇广发村是该市新式农居的发源地，也是全市首个农村社区。一方面，广发村通过科学调整种植结构，适当扩大经济作物种植面积，成立农机合作社，发展农业生产；建立高标准养殖小区，发力养殖业；同时积极引导二三产业的发展，壮大社区经济。另一方面，加大新式农居的建设力度，全村90%的农户住进了带卫生间、太阳能和渗水井的新居。社区还新建了多功能场馆、宴会厅、卫生所和带有路灯的水泥路，基础设施和公共事业建设得到加强，不断以社区治理推动美丽乡村建设。

文化传承型模式。我国的农耕文明史长达五千多年，在一些地区仍然保留着特色鲜明的古村落、古建筑、古民居和浓厚的地方文化，因此可以在传承古色的基础上推陈出新，建设美丽乡村。河南省洛阳市平乐村地处汉魏故城遗址，文化积淀深厚，村内多农民画家，以农民牡丹画而闻名，有"一幅画、一亩粮，小牡丹、大产业"之说。该村围绕农民牡丹画，大力发展绘画产业和乡村旅游业，组建洛阳平乐牡丹书画院，举办农民书画展。如今平乐已有牡丹画专业户100多个，牡丹绘画爱好者300余人，年创作生产牡丹画8万幅，销售收入超过500万元。2007年，平乐镇被文化部、民政部命名为"文化艺术之乡"，走出了文化传承助力美丽乡村建设的新路子。

渔业开发型模式。在沿海和水网密布的地区，一些村庄以渔起家，通过发展渔业带动就业，促进经济繁荣，助推美丽乡村建设。广东省南沙区冯马三村便是其中的典型。冯马三村所在的南沙区地处珠江入海口虎门水道西岸，海域咸淡水交汇，渔业资源种类繁多。得益于优厚的渔业条件，冯马三村新民居、幼儿园、社区活动中心、图书馆、医疗室拔地而起，物质条件极大改善。在靠山吃山、靠水吃水的同时，冯马三村也注重可持续发展，通过增殖放流兴旺海域生态，力求达到生态和经济效益的平衡，实现本村的长久发展。

草原牧场型模式。在我国的牧区和半牧区，草场资源丰富，一些村庄以草原畜牧业为主要收入来源发展经济，实现美丽乡村建设。内蒙古锡林郭勒盟西乌珠穆沁旗浩勒图高勒镇脑干宝力格嘎查在美丽乡村建设中坚持生态优先的基本方针，推行草原禁牧、休牧、轮牧制度，促进草原畜牧业由天然放牧向舍饲、半舍饲转变，推动集约化、标准化和规模化养殖，发展特色家畜产品加工业，形成了独具草原特色和民族风情的发展模式。与此同时，鼓励发展各类农牧民合作社，增强组织管理能力，提供技能培训，促进产业化、现代化发展，既保护了乡村自然生态，又实现了经济效益，用实践体现了美丽乡村建设的内涵。

环境整治型模式。一些地区的自然生态环境脆弱，加之生态破坏和环境污染现象严重，产生了脏乱差的问题，环境亟待整治。广西恭城瑶族自治县红岩村乘社会主义新农村建设之风，重拳出击治理环境问题，启动生活污水处理系统工程建设，环境卫生问题大为改善。同时加强基础设施建设，修建了瑶寨风雨桥、滚水坝、梅花桩、环形村道、灯光篮球场、游泳池、旅游登山小道等公共设施。大力发展农村休闲旅游业，建起80多栋乡间别墅，近40家餐馆，从2003年起接待中外游客逾百万人次，成为开展乡村旅游致富的典范。

休闲旅游型模式。在自然风光优美、旅游资源丰富、交通便利的地区，一些村庄通过建设住宿、餐饮和休闲娱乐等配套设施来发展休闲旅游业，把自然之美转化为经济效益，实现二者的协同发展。贵州省兴义市万峰林街道位于国家级重点风景名胜区万峰林腹地，为典型的喀斯特地貌，旅游资源异常丰富。依托当地的天然优势，万峰林街道大力发展优势农业、特色农业和观光农业，搞活休闲旅游，带动服务业发展和农产品销售。2004年4月，万峰林下五屯乡村旅游经国家旅游局验收，荣获国家首批"全国农业旅游示范点"称号。万峰林街道在发展休闲旅游的同时，也注重保护当地生态，建设了万峰林绿色生态屏障工程，实现了生态效益和经济效益相互促进的正循环。

高效农业型模式。在我国农业主产区，农田水利设施条件较好，农业生产商品化程度和机械化水平高，种植规模大，农业经济效益好，为美丽乡村建设提供了物质基础。福建省漳州市平和县三坪村利用自身资源禀赋优势，建设金线莲、铁皮石斛、蕨菜种植基地，以玫瑰园为龙头带动花卉产业发展，壮大兰花种植基地，做大做强现代高效农业。得益于良好的经济效益，三坪村大力开展村中沿街立面装修、污水处理、绿化美化和卫生保洁等工作，不断改善农村人居环境和生态环境，推动富美乡村建设，吸引了大量的外来游客，带动了乡村旅游业兴旺发展。三坪村先后获得"国家级生态村""福建省生态村""福建省特色旅游景观村""漳州市最美乡村"等荣誉称号，讲述了美丽即生产力的乡村故事。

第二节　见微知著：从"布局"到"刻画"

党的十六届五中全会提出，在完成社会主义新农村的重大历史任务时，要积极推进美丽乡村的建设，2013年中央一号文件提出了"加强农村生态建设、环境保护和综合整治，努力建设美丽乡村"的目标，将美丽乡村建设正式提上社会主义现代化建设工作日程。2017年中央一号文件更是进一步把美丽乡村建设提升到了农村共享发展基础的高度加以强调，坚持做好美丽乡村建设的统筹规划。

美丽乡村建设是推进生态文明建设的新工程与新载体。近年来，许多地区都开展了对美丽乡村建设的推进，积极探索具有本地特色的美丽乡村建设模式，也取得了较为不错的效果，但在美丽乡村建设推进的过程中，也存在着一些困难和问题，需要进一步总结工作中的经验，进一步完善相关政策。

一、旧疾一：建设工作缺乏顶层设计

从总体来看，美丽乡村建设应该是强调"生产、生活、生态"三个方面的系统工程，仅仅强调任何一点都是较为片面的。但是在美丽乡村建设中，许多地区存在着一个普遍现象：建设方向多偏向于基础设施建设、村庄环境整治、危房旧房改造等生活方面，而对于如何提高农民收入、增强农业生产、提高当地的可持续发展能力仍然不够重视。在当前

巨大的城乡差距面前,农村人才过度流失,导致新型农业经营主体缺乏人力资本支持,发展较缓慢。缺乏产业和新型农业经营主体支撑,人口继续大规模流失的美丽乡村建设较难摆脱形式化的命运。保守的思想和许多僵化的政策在阻碍中国农业现代化的同时,也削弱了美丽乡村的建设基础。

同时,美丽乡村建设需要各个层级部门一起协同推进。在中央提出要推进美丽乡村建设之后,各部门都对这一设想积极响应,但是在实际中,不同的部门在推进具体工作时,都在推行本部门的行动计划,所表现出的积极性和行动能力有着较大的不同,难以形成建设合力,造成了较大的问题。例如各部门在推行自己的行动计划时,都设定了不同的口号目标,如政府部门建"文明村",环保部门建"生态村",宣传部门建"生态文明村",建设部门建"美丽村庄",林业部门建"美丽林场"等。而在标准上也有些不一致。并且,美丽乡村建设具体的牵头或者管理部门并不统一,有些地区由新农村建设办公室负责,有些地区由农业工作办公室或农委负责,有些地区则由住房和城乡建设委员会负责,部门的不统一容易带来一些问题,例如国家下发文件的渠道不顺畅,监督检查的执行力度不够等[①]。

美丽乡村建设参与部门较多,组织协调难度比较大,在具体实施中缺乏统一的组织协调机构,同层级部门之间的职权存在交叉,政府管理的错位和越位现象时有发生,影响工作的开展。

二、旧疾二:项目建设具体规划和标准缺失

美丽乡村建设规划要和当地生态、文化、产业相结合,而一些地方在美丽乡村建设的试点工作中,较为注重设施的搭建,短期行动较多,对于美丽乡村建设的总体规划和长期计划的制定重视程度并不够,大部分的建设工作主要停留在拆旧拆破等层面。在进行建设工作时,规划内

---

① 于法稳,李萍. 美丽乡村建设中存在的问题及建议[J]. 江西社会科学,2014,34(9):222-227.

容较为肤浅，设计的内容深度不够。在工作中没有充分调动自己的主观能动性，特色建设不足，缺乏一体化的建设理念①。

许多地区在美丽乡村建设的政策制定中，并没有充分考虑政策的实际运用问题，整个工程体系并不完善，带来了一系列问题。例如，一些地区的上级政府在推动美丽乡村建设的过程中，按照设想提出了一些建设项目，但是在缺乏具体的标准和规划的情况下，就交由下级部门执行，并且对下级部门也按照相应的进度进行验收和考核。在这种情况下，下级部门，尤其是经济实力相对来说较弱的地区在执行的过程中容易背上巨额债务。同时，许多地区采用"以奖代补"的方式鼓励下级部门积极发挥主观能动性，推动美丽乡村建设，在针对基础条件不同的农村时产生了一定的消极影响。基础条件比较好的村由于其经济条件本就不错，会担心投入大量人力物力后不能得到奖补资金，因此对于建设工作的积极性并不高；而基础条件比较落后的地区则希望加快美丽乡村建设的进度，甚至通过贷款等方式，投入大量人力物力进行建设，但最终并没有得到奖补资金，加重了债务负担。

巩固建设成果、建立长效的管理机制仍有许多工作要做，如完善基础设施的管护机制等。许多地区在建设美丽乡村时修建了大量基础设施，并从美化的角度出发配备了许多环卫设施等，但是在日常工作中，一些村组对这些公共设施的管理并不到位。在对农村环境卫生进行整治的过程中，许多工作停留在集中突击整治，后续仍然会出现脏、乱、差的现象，农村基础设施和公用事业的经营管理存在有人建、有人用、无人管的情况，设施的损毁情况比较严重，导致投资没有发挥应有作用，许多地区也因此陷入"治理—反弹—再治理"的恶性循环。

三、旧疾三：建设资金整合不到位

目前，美丽乡村建设的资金整合还存在着较大的缺口。首先是建设

---

① 王卫星. 美丽乡村建设：现状与对策 [J]. 华中师范大学学报（人文社会科学版），2014, 53 (1): 1-6.

资金较为短缺，资金整合力度并不大，仅靠上级资金支持并不能满足需求。农村基础设施建设要求投入的资金量较大，但是有些地方只是单纯依靠有限的地方财政，资金的整合有着较大的难度，工作推进受阻。在支持建设项目的过程中，政府无法做到面面俱到，因此在建设具体项目的过程中，一定程度上造成了"僧多粥少"的现象，各村镇甚至会因为资金问题产生相应的矛盾。

同时，大多数集体的经济收入来源较为匮乏，农村建设项目的推进难度较大，导致建设美丽乡村的目标与具体的建设标准形成很大的差距。目前，除了位于珠三角和长三角等少数经济条件优势比较大的乡村外，大多数村庄的集体经济力量是特别薄弱的，无法为美丽乡村建设提供充足的资金保证，同时，在吸引社会资本进入方面，美丽乡村建设也存在着较大的问题。由于社会资本大多是逐利的，而美丽乡村建设从根本上来说属于长期建设，带有公益的性质，相关产业由于回报率低，回报周期较长，故而对社会资本缺乏足够的吸引力。许多建设主体虽然尝试使用市场招标、吸引企业进行投资建设，但整体效果并不显著，社会资本进入量依然较少，多元化资金配套渠道的发展仍然不健全。

许多地区农民本身的收入水平不高，让农民自发投入资金进行建设是不现实的，即使是农民自愿支持资金，数额也是很有限的，对于建设工作帮助不大，并且在建设的前期收益率基本上是极低的，农民在只投资而不能获得回报的情况下，是不太愿意投入资金建设美丽乡村的。资金的缺乏使得许多地区美丽乡村建设十分缓慢。

四、旧疾四：建设工作参与主体较为单一

美丽乡村建设是一项浩大的工程，因此需要多方力量参与。而许多地方在进行美丽乡村建设时，并没有积极探索怎样将市场机制引入建设工作，而是采取传统的行政动员，成效并不大，尤其是政府主导有余、农民本身参与不足的现象较为严重，在美丽乡村的建设工作中，农民主体地位和作用并没有得到充分发挥。在制度的设立中没有将农民放在主体地位，没有调动农民群众建设的积极性，以至于部分农民群众认为，

美丽乡村建设单纯只是政府的任务，容易形成懒散的思想，缺乏主动参与的意识，导致参与美丽乡村建设的主体较为单一。

此外，也存在着其他原因导致农民参与乡村建设积极性较低。例如在一些地区，地方政府考虑更多的是如何节省农民用地、增加城市建设用地指标，而不是如何改善农民生活，使得农民利益经常被损害，农民主体地位无法体现，最终会淡化农民对于美丽乡村建设的意愿[①]。

同时，美丽乡村建设中人力资源的支撑能力仍然不足。当前农村劳动力结构相对过去发生了极大的改变，呈现出了新的特点。如外出务工人员等流动人口占比越来越大，同时务工人员中新生代的农民工占比也越来越大，而留在农村的生产技术带头人越来越少，农村劳动生产率偏低，剩余劳动力职业转化进程缓慢等。并且由于农村文化相对城市文化来说较为薄弱，容易受到城市文化的冲击，许多农村会盲目效仿城市，容易导致农村文化丧失自己的特色，而农村文化的供给远不及城市，并且在供给过程中，对村民的文化需求考虑不足，最终使得农村文化资源短缺，人才也在这其中流失。从各个方面来看，现有农村人力资源要素的整体支撑能力与推进美丽乡村建设的内在要求仍然存在着比较大的差距。

随着美丽乡村建设宣传教育活动在农村地区的逐步推进，许多农村地区的村民也逐步提升了自己的环保理念，但是在日常生活中，其实际行为却没能跟上思想的转变。例如，许多村民知道焚烧秸秆会对土壤、空气等产生危害，但依然为了图便利偷偷焚烧秸秆。在推进美丽乡村建设的过程中，村民的落后行为在缺乏纠正的情况下会对建设工作产生极大的负面影响。

五、旧疾五：多方关系处理不够通畅

一是未处理好政府主导与农民主体之间的关系。村庄对于农民来

---

① 王文龙. 中国美丽乡村建设反思及其政策调整建议：以日韩乡村建设为参照［J］. 农业经济问题, 2016, 37 (10): 83-90, 111-112.

说，不仅是居住地带，同时也是农民进行生产的重要场所，美丽乡村建设的最终目的是要提升农民的幸福感，增进农民民生福祉，因此在建设中，农民应当是美丽乡村建设工作的主体，政府的主要作用是进行总体规划并配套相应的资金，建设相应的长效机制，在建设工作中提供服务。尽管政府的主导地位是不可动摇的，但许多地区的基层政府部门权责界定不清，许多部门人员只想揽权而并不愿意承担责任，在工作推进过程中存在强迫命令、加重农民负担的现象，没有形成农民的民主参与机制，许多地区的建设项目沦为面子工程。

二是未处理好政府与市场及社会之间的关系。美丽乡村建设是一项投入巨大的长期工程。但在农村的建设中，依然存在只依靠财政资金打造美丽乡村的情况，缺乏长久的持续性，在规划中没有积极发挥市场配置资源的决定性作用，过于依赖行政手段，而没有发挥法律、经济等手段的作用，未达到多管齐下的效果。

三是未处理好统一标准和寻求特色的关系。我国的农村发展并不平衡，各个地区的发展情况有极大的差别，所以在建设美丽乡村的过程中必须要因地制宜，在做好标准化的基本公共服务的同时，也要在乡村特色上做好投入。例如，很多地区分布着有较深文化内涵的古村落，由于开发保护工作滞后，面临着坍塌甚至逐步消失的困境。简单地把美丽乡村建设当成同质化的工程，对于整个工作的推进是极其不利的。

四是未处理好牵头部门与其他部门之间的关系。美丽乡村建设应是各个部门的共同责任，一起参与工作对建设开展才更有利，在建设过程中涉及农村人居环境改造、公共服务配套设施等内容时，需要农、林等多个部门的协调合作，但是当牵头部门不确定，每一项工作落实不到具体的负责人时，就会出现"谁都管不了""谁都不负责"的推卸责任现象。

五是未处理好美丽乡村建设的"硬件"与"软件"建设的关系。村容村貌的整治、基础设施的建设的确是美丽乡村建设的重要组成部分，可许多农村地区政府把工作的重心几乎全放在了这两个方面，而忽视了深化农村改革、创新农村公共服务等"软件"工程的建设，在美丽乡村建设过程中要同步推进相关改革，破解城乡二元结构，才能更好地释放农村的发展活力与潜力。

六是未处理好"一事一议"制度与美丽乡村建设之间的关系。村内公益事业所需资金采用"一事一议"的筹集方法。一些村民抱有自私心理,有利于自己的事情就要求村委解决,而不利于自己的事情就坚决反对,造成事难议、钱难筹的后果,这使得许多地区即使事情议成了,也筹措不到足够的资金,难以完成较大的项目工程建设,制约了美丽乡村建设的步伐[①]。

第三节 一改故辙:从"引导"到"激励"

今后的美丽乡村建设需要从农业生产、农民生活、农村生态等多方面进行升级改造,逐步完善城乡融合的发展体制与机制,缩小城乡差距,坚持系统性思维和顶层设计理念,保证农民主体地位。美丽乡村建设过程中政府扮演重要角色,既不能越位,又要注重顶层设计,将乡村建设纳入政策体系设计的整体框架中。同时给予市场参与美丽乡村建设的空间,构建乡村经济活动的组织合作机制,提高农业产业竞争力,实现农业产业的融合与价值链延伸。更为重要的是促进小农户与现代农业的有机衔接,通过多方努力共同实现产业兴旺、生态宜居、乡风文明、治理有效、生活富裕的乡村振兴战略新要求,全面推动农业农村的现代化进程。

一、疗法一:推动乡村产业发展

乡村产业兴旺是助力农民增收、打造生态宜居美丽乡村的关键。产业是村庄发展的经济支撑,更是保障贫困人口稳定脱贫的重要基础。缺乏产业支撑,乡村将面临衰败的局面。各地区乡村资源禀赋差异大,挖掘可持续的产业发展模式尤为关键,鼓励多样化产业类型,促进乡村经

---

① 王卫星. 美丽乡村建设要处理好六个关系[J]. 中国财政,2013(22):24-26.

济多元化的发展，更好地满足农民务工需求。特别是深入挖掘乡村特色产业，发展特色种养、食品、手工等适宜本地区特色的乡土农业产业，培育农村的新产业与新业态，推动要素跨界配置与产业有机融合。打造农业与文化生态休闲旅游融合发展新业态，开发乡村价值功能。

推动农村产业高质量发展，一是要促进农村一二三产业协调发展，科学助力农村产业布局与转型升级，充分利用互联网平台，发展数字农业。针对我国农村一二三产业融合还处于初级阶段的现实情况，推进农业第一产业向二三产业自然延伸，引导农户特别是小农户参与到现代化农业的建设中，分享发展红利。重点扶持有发展潜质的新型经营主体延伸农产品链条，进行精深加工，对农副产物综合利用，提高农产品的加工转化率。"大数据""互联网＋"等新一代信息技术向农业生产、经营、服务领域延伸，发挥人才优势，发展农村电子商务。打造产业生产、运营、销售、流通、技术、管理等链条完善的特色产业体系，完善产业链各参与主体利益联结机制，促进产业融合。

二是完善农村产业类型，逐步扩大优势产业规模。鼓励新型经营主体通过"企业＋基地＋合作社＋农户"等多种方式，与农户建立长期的订单合作模式，稳定契约关系。针对各地区特点深入挖掘已有产业的潜在优势，例如以种植业为主的地区，可以通过革新耕作方法和种植技术，提升机械化使用效率，改变经营方式，实现集约化生产。选择适合本村发展的产业，才会促进本村产业振兴。简单盲目地照抄照搬其他地区发展模式并不利于本村产业振兴，易挫伤农民参与积极性。

三是吸引培育人才，推动数字乡村经济发展。推动农村产业发展，人才是关键。要广泛吸纳经管、营销、电商、金融等各类与乡村产业发展相契合的人力资源，同时积极培育本土实用技术人才，培养掌握专业知识和技能的高素质职业农民。以汇集的人力资本优势，创新乡村产业运营与管理模式，激发传统经营主体发展活力，提升市场竞争力。引导各类人才向乡村流动聚集，推动乡村人才振兴。政府部门积极实施新型职业农民培育工程、乡村专业人才培育工程、科技人才下乡工程、新乡贤返乡工程等吸引人才，出台配套政策留住人才。既要为人才提供施展能力的平台，也要完善人才引进的配套机制，打造乡村振兴人才主力军。

二、疗法二：加强村落生态保护

保护中华民族的文化根脉和精神家园，让子孙后代望得见山、看得见水、记得住乡愁。加强村落的空间规划布局，既要保护好自然生态系统，又要注意保护乡土建筑和历史景观，促进传统村落的文化内涵与美好的自然生态有机结合，延续传统风貌，尊重传统选址格局与周边生态环境和景观环境的依存关系，使地域特征、民族特色和自然禀赋特点融为一体。

注重村落整体保护，妥善处理好生产、生活、生态空间关系。严守资源环境生态红线，持续加大乡村生态系统的保护力度。牢固树立绿水青山就是金山银山的理念，尊重自然、顺应自然、保护自然，构建人与自然和谐共生的乡村发展格局。乡村产业发展与乡村生态保护互为促进、互不矛盾，带动村民共同参与到美丽乡村建设的生态治理中，持续推进农村人居环境治理。建立完善的环境整治机制、环保设施的运营与管护机制、监督评估机制等。建立"政府扶持，群众自筹，社会参与"的资金筹措机制，并积极拓宽筹资渠道。建立对环境整治工作的检查、监督及通报奖惩机制，确保农村人居环境建设成效，积极推动农村人居环境改善。创新生态宜居乡村基础设施建设投入机制和长效运维管理机制。选择适宜地区发展的生态宜居乡村建设模式，吸引村民返乡创业，将"绿水青山"转化为"金山银山"，促进生态宜居美丽乡村建设。建立农村生态环境补偿长效机制，倡导绿色农业生产方式变革，进一步完善绿色良性生态循环发展理念。

明确保护传统村落的责任主体，加强政府部门间的协同治理与联动配合，对破坏传统村落的行为进行惩治。在挖掘与开发村落时，充分尊重群众的知情权，提升群众的参与感。建立健全保护传统村落的法律法规，根据传统村落遗产的特点，构建传统村落分级分类保护体系。传统村落振兴是一个长期、缓慢的过程，村落生态文明建设不仅需要解决环境问题，更要提振乡村文明。重视对传统村落文化生态价值重塑，加强生态文明法治化建设，深化村民自治实践，提升农村生态治理现代化水平。

三、疗法三：培育乡土特色文化

优秀农业文化遗产是人类发展的宝贵财富。对于乡土特色文化，要打造特色文化产品和服务，将乡村生产、生活、民俗、农舍、休闲、养生、田野等元素融入乡土特色文化产业中，按照《乡村振兴战略规划（2018—2022年）》提出的"建设一批特色鲜明、优势突出的农耕文化产业展示区，打造一批特色文化产业乡镇、文化产业特色村和文化产业群"的要求。整合乡村文化资源，加快建设地域特色鲜明、产业优势明显的乡村文化产业基地。

挖掘乡土文化特色，实施传统工艺振兴计划。开发具有民族特色和地域特色的传统工艺产品，培养乡村非物质文化遗产传承人，扶持乡村特色文化产业重点项目建设。提升农村公共文化服务水平，打造农民群众精神家园。加强农村精神文明建设，丰富农民群众精神文化和体育生活，完善乡村公共文化体育设施网络和服务运行机制，倡导科学健康的生产生活方式。鼓励开展形式多样的农民群众性文化体育、节日民俗等活动，充分利用广播电视和视听网络，拓展乡村文化服务渠道，丰富乡村文化生活。

发挥村规民约积极作用，破除陈规陋习，推进农村移风易俗。通过多种形式，例如评比文明家庭、建设诚信乡村、推选最美儿媳等评比活动，培育文明乡风、良好家风与淳朴民风。农村是滋生培育乡土文化的根源，无论是物质的还是非物质的乡土文化都是无价之宝，许多乡土文化逐渐遗失，今后既要保护好原生态乡土文化，延承乡土文化的精神内涵，又要打造新生态乡土文化。

四、疗法四：引导主体合作共治

乡村未来发展离不开外部资金、技术、人才的支持，引导多元主体合作共治，才能够激发乡村发展的内生动力。

积极培育多元主体，整合配置资源，广泛开展对接小农户的深度互助合作。多元共治的主体包括中央政府、地方政府、企业和各种市场主体、公益性或互益性社会组织、各种形式的自组织，激发多元主体投身美丽乡村建设的积极性与主动性，为乡村发展提供不竭动力。

引导工商资本有序投资农业。工商资本是助力乡村产业发展的重要力量，但在乡村内要严格依法依规开发利用农业农村资源，不能损害农民的利益，不得违规占用耕地从事非农产业，不能侵害农民财产权益，不可与民争利。但同时政府发挥职能作用为工商资本优化营商环境，引导工商资本在乡村投资兴办农民参与度高、受益面广的产业，支持发展适合规模化、集约化经营的种养业。

提高农民的组织化程度。小农户具有提升组织化程度的现实需求，提高小农户组织化程度的制度环境逐步成熟。提高小农户组织化程度的关键是在保障小农户利益的基础上提高农业劳动生产率。尊重小农户的自主权，避免在推进土地集约化的过程中损害小农户自主权。持续深化不同层次的组织合作，为小农户的参与提供多元化平台，丰富小农户有效参与的组织形式，促进小农户融入大市场。同时，政府部门强化监督，保障小农户的知情权和参与权，提高小农户在合作中的地位。

五、疗法五：鼓励差异建设模式

美丽乡村建设遵循差异化模式，根据地区特色发展差异化产业，通过一二三产业融合发展，发挥农业多功能性，提高农民收入。在乡村振兴的过程中，要尊重客观实际，选择适合本村发展的正确路径。

对于临近城市郊区的村庄，充分利用城市资源，实现城乡融合发展。城郊融合类乡村，地理区位优势明显，交通便利，人口流动性强，具备承接城镇外溢功能。村庄结合自身发展的实际情况，以城乡产业融合发展、基础设施互联互通、公共服务共建共享为纽带，依托区位资源优势，推动城郊村优先发展。

对于发展基础较好的村庄，给予政策和资源倾斜，实现村内升级改造。集聚提升类乡村，一般规模较大，占乡村类型的比重较高，是实现乡村振兴的重点。在原有规模基础上有序推进改造升级，主要从激活产业、优化环境、提振人气、增添活力、保护风貌等方面进行改造。对于经济基础好的经济强村，继续强化主导产业支撑，打造产业联动模式，促进村庄内产业业态的延伸与拓展，吸引返乡创业人才带动村庄持续发展。同时，经济强村在用地优化方面先试先行，促进土地高效利用。对于二三产业发展薄弱、以养殖种植为优势的乡村，突出发展现代农业，专注农业优势，实现村庄产业、人口复兴。

对于历史悠久的村庄，保护文化特色与传统，实现民风民俗延续。特色保护类乡村，应充分挖掘农村优秀传统文化的精华，特别是历史古村、文化村、少数民族村寨，应丰富其文化内涵，总结提炼农村传统治理经验。科学合理设计古村保护方案，突出保护重点并配套补助资金。古村落的保护与利用是一项系统工程，积极发挥政府、社会、市场的作用，利用文化资源打造村内文化品牌。既要实现历史的传承，同时创新机制繁荣古村经济，建设环境优美、历史文化底蕴深厚的新时代村落。

对于偏远落后的村庄，自然资源稀缺、土地贫瘠、发展受限的空心村，通过撤并搬迁等多种形式，摆脱自然灾害及恶劣生活条件，实现脱贫致富。撤并搬迁类乡村，实施村庄合并规划，有助于提高土地资源利用率，改善农民的生活条件。

美丽乡村作为建设美丽中国的基础和难点，对于生态文明建设和乡村振兴的实现，都具有重要的作用。回顾党的十六届五中全会以来美丽乡村的建设历程，可以发现中央和地方都相继出台了相关的建设规划、指导标准和支持文件，形成了较为完善的政策体系。各地在试点探索的过程中也结合自身实际，发展出了各具特色的建设模式，取得了良好的成效。但面对发展过程中存在的问题，未来的美丽乡村建设需要更加注重完善产业、保护生态、传承文化和发扬特色；保障农民主体地位，发挥政府重要作用，发挥各方面积极性，构建合作机制，培育多元主体共建共享共治；同时促进要素流动，缩小城乡差距，逐步实现城乡融合发展，让美丽乡村成为美丽中国建设最美的底色和坚实的基础。

（执笔人：卢洋啸、薛仁杰、文鑫）

参考文献

［1］魏玉栋. 乡村振兴战略与美丽乡村建设［J］. 中共党史研究，2018（3）.

［2］曾帆，邱建，蒋蓉. 成都市美丽乡村建设重点及规划实践研究［J］. 现代城市研究，2017（1）.

［3］王文龙. 中国美丽乡村建设反思及其政策调整建议：以日韩乡村建设为参照［J］. 农业经济问题，2016，37（10）.

［4］陈秋红，于法稳. 美丽乡村建设研究与实践进展综述［J］. 学习与实践，2014（6）.

［5］王卫星. 美丽乡村建设：现状与对策［J］. 华中师范大学学报（人文社会科学版），2014，53（1）.

［6］于法稳，李萍. 美丽乡村建设中存在的问题及建议［J］. 江西社会科学，2014，34（9）.

［7］王卫星. 美丽乡村建设要处理好六个关系［J］. 中国财政，2013（22）.

"认识中国·了解中国"书系

中国智慧：十八大以来中国外交（中文版、英文版）	金灿荣
中国治理：东方大国的复兴之道（中文版、英文版）	燕继荣
中国声音：国际热点问题透视（中文版、英文版）	中国国际问题研究院
大国的责任（中文版、英文版）	金灿荣
中国的未来（中文版、英文版）	金灿荣
中国的抉择（中文版、英文版）	李景治
中国之路（中文版、英文版）	程天权
中国人的价值观（中文版、英文版）	宇文利
中国共产党就是这样成功的（中文版、英文版）	杨凤城
中国经济发展的轨迹	贺耀敏
当代中国人权保障	常健
当代中国农村	孔祥智
教育与未来——中国教育改革之路（中文版、英文版）	周光礼 周详
当代中国教育	顾明远
全球治理的中国担当	靳诺等
中国道路能为世界贡献什么（中文版、英文版、俄文版、法文版、日文版）	韩庆祥 黄相怀
时代大潮和中国共产党（中文版、英文版、法文版、日文版）	李君如
社会主义核心价值观与中国文化国际传播	韩震

我眼中的中韩关系	[韩] 金胜一
中国人的理想与信仰（中文版、英文版）	宇文利
改革开放与当代中国智库	朱旭峰
当代中国政治（中文版、英文版）	许耀桐
当代中国社会：基本制度和日常生活（中文版、英文版）	
	李路路　石　磊　等
国际关注·中国声音（中文版、英文版）	本书编写组
中国大视野2——国际热点问题透视	中国国际问题研究院
中国大视野——国际热点问题透视	中国国际问题研究所
构建人类命运共同体（修订版）	陈　岳　蒲　俜
新时代中国声音：国际热点问题透视	中国国际问题研究院
中国生态文明新时代	张云飞
当代中国扶贫（中文版、英文版）	汪三贵
当代中国行政改革	麻宝斌　郝瑞琪
当代中国文化的魅力	金元浦
城镇化进程中的中国伦理变迁	姚新中　王水涣
数字解读中国：中国的发展坐标与发展成就（中文版、英文版）	
	贺耀敏　甄　峰
中国改革和中国共产党	李君如
中国经济：持续释放大国的优势和潜力	张占斌
对话中国（中文版、英文版）	本书编写组
中国的持续快速增长之道	[巴基] 马和励
中国新时代（中文版、英文版）	辛向阳
中国之治的制度密码	靳　诺　刘　伟
民族复兴的制度蓝图	靳　诺　刘　伟
中国之治：国家治理能力和治理现代化十五讲	杨开峰　等

图书在版编目（CIP）数据

中国农业农村现代化/孔祥智等著. --北京：中国人民大学出版社，2021.3
（"认识中国·了解中国"书系）
"十三五"国家重点出版物出版规划项目
ISBN 978-7-300-29115-4

Ⅰ.①中… Ⅱ.①孔… Ⅲ.①农业现代化-研究-中国②农村现代化-研究-中国 Ⅳ.①F320.1

中国版本图书馆CIP数据核字（2021）第045444号

国家出版基金项目
"十三五"国家重点出版物出版规划项目
"认识中国·了解中国"书系
中国农业农村现代化
孔祥智 等 著
Zhongguo Nongye Nongcun Xiandaihua

出版发行	中国人民大学出版社		
社　　址	北京中关村大街31号	邮政编码	100080
电　　话	010-62511242（总编室）		010-62511770（质管部）
	010-82501766（邮购部）		010-62514148（门市部）
	010-62515195（发行公司）		010-62515275（盗版举报）
网　　址	http://www.crup.com.cn		
经　　销	新华书店		
印　　刷	天津中印联印务有限公司		
规　　格	170 mm×240 mm　16开本	版　次	2021年3月第1版
印　　张	9	印　次	2021年3月第1次印刷
字　　数	115 000	定　价	48.00元

版权所有　侵权必究　印装差错　负责调换